学習の友社

変えてはいけない憲法9条

子どもの頃、お化けが怖かったという記憶があるでしょうか。でも、妖怪も魔女も怪獣もいないとすれば、怖いものはなんでしょう？　台風や地震や大噴火は自然現象ですが、人の世で戦争ほど怖いものはありません。

戦争を起こすのは国家権力です。世界各国に憲法ができて「王様でも大統領でも首相でもやってはいけないことがある」と定まり、民主主義が広がれば、最大の暴力である戦争の禁止が課題になるのは必然です。

そして日本国憲法ができました。日本の憲法は先駆的であり、未来の地球の「ふつう」です。

そんなあたりまえの憲法を変えようとする人々がいます。「国民の安全を守る」「自衛隊のみなさんに感謝する」…口ではきれいなことをいいながら、国民に秘密で権力の暴走がすすみ、民主主義を踏みにじり、戦争につながりかねない準備が行われています。

「その汚れた手で憲法にさわるな！」

考え方や政党支持は違っても、今、憲法を変えたら危険だ…この思いは国民の多数になりつつあります。

本書は、現在の憲法問題をQ&Aを中心にまとめました。本書が新しい行動のきっかけとなれば幸いです。

〈もくじ〉

知っておきたい

こんなに危険な自民党「(4項目)改憲案」

自民党・安倍政権が現在まとめようとしている4項目の改憲案は、反対世論への配慮をよそおって絞り込んだものですが、その内容は戦後日本の平和理念を根本的にくつがえすものです。

報道をもとに、自民党が憲法に何を書き込もうとしているのか、その「改憲案」を熟読してみましょう。なお、9条改憲案は、自民党執行部が有力視していると報じられているものです。（以下、通常の文が現行憲法、太字の部分が自民党の改憲案、下段は解説です）

※自民党案は２０１８年3月26日の新聞各紙が報道。
※現行日本国憲法は国立国会図書館公表（ＷＥＢ）。

1　平和の原点、9条を書き換える

第9条　日本国民は、正義と秩序を基調とする国際平和を誠実に希求し、国権の発動たる戦争と、武力による威嚇又は武力の行使は、国際紛争を解決する手段としては、永久にこれを放棄する。

２　前項の目的を達するため、陸海空軍その他の戦力は、これを保持しない。国の交戦権は、これを認めない。

第9条の2【改憲案】

（1）前条の規定は、我が国の平和と独立を守り、国及び国民の安全を保つために必要な自衛の措置をとることを妨げず、そのための実力組織①として、法律の定めるところにより、内閣の首長たる内閣総理大臣②を最高の指揮監督者とする自衛

自民党は今まで改憲の目的について様々なごまかしをしてきましたが、ついに「9条」の破壊が一番の目的だとはっきりさせました。

現在の9条の1、2項を残すので大丈夫、と国民をごまかすつもりですが、9条の2をつけ加えることで、9条2項を死文化させ、1項を変質させるのが自民党の9条改憲案の基本的な特徴です。（P28参照）。

①〝実力組織〟は一般的に〝軍〟や〝戦力〟と同じ意味です。

②　内閣総理大臣（首相）は基本的に「閣議決定」に基づいて動きますが、「首長たる…最高の指揮監督者」という規定は、首相に自衛隊の指揮監督権が専属するということです。つまり改憲したら憲法上は首相の軍事面で独裁が可能になると言えます。「日米同盟」の相手であるアメリカからの要請に即座に対応するという意図もあるでしょう。

隊を保持する。

（２）自衛隊の行動は、法律の定めるところにより、国会の承認その他の統制に服する。

２ 緊急事態を口実に、首相の独裁を可能にする

【緊急事態条項】

第64条の２【改憲案】

大地震その他の異常かつ大規模な災害①により、衆議院議員の総選挙又は参議院議員の通常選挙の適正な実施が困難②であると認めるときは、国会は、法律で定めるところにより、各議院の出席議員の３分の２以上の多数で、その任期の特例を定めることができる。

第73条 内閣は、他の一般行政事務の外、左の事務を行ふ。

一 法律を誠実に執行し、国務を総理すること。

（中略）

六 この憲法及び法律の規定を実施するために、政令を制定すること。但し、政令には、特にその法律の委任がある場合を除いては、罰則を設けることができない。

（中略）

第73条の２【改憲案】

（１）大地震その他の異常かつ大規模な災害③により、国会による法律の制定を待ついとまがない④と認める特別の事情があるときは、内閣は、法律で定めるところ

---

①「大地震その他の異常かつ大規模な災害」と抽象的に規定していることには重要な意味があります。ここには、災害対策基本法の「災害」の定義にある「火事」、「爆発」はもちろんのこと、国民保護法が規定する武力攻撃を受けた時の災害（武力攻撃災害）も含まれることになります。日本が先に他国を攻撃し反撃された武力攻撃でも含まれ、侵略か自衛かで区別されません。（P32参照）

②「緊急事態で選挙ができなくなったらどうする…」といった口実で任期の特例が提案されますが、参議院は半分ずつの改選なので、国会議員がいなくなることはなく、事態に対応できます。また、全国的に選挙ができなくなるくらい大規模な災害が起きたとすれば、議員バッジの有無は何の役にも立たないはずです。

③…①と同じ問題をはらんでいます。

④「国会による法律の制定を待ついとまがない」はきわめてあいまいな言い方で、国会が開会中であっても、諸般の事情で時間がかかりそうな場合でも認定可能な表現です。

により、国民の生命、身体及び財産を保護するため、政令⑤を制定することができる。
（2）内閣は、前項の政令を制定したときは、法律で定めるところにより、速やかに国会の承認を求めなければならない。

3　参院選「合区」解消を口実に、非民主的な選挙制度へと道をひらく

第47条　選挙区、投票の方法その他両議院の議員の選挙に関する事項は、法律でこれを定める。　←（条文全体を書きかえ）

第47条　両議院の議員の選挙について、選挙区を設けるときは、人口①を基本とし、行政区画、地域的な一体性、地勢等を総合的に勘案して①、選挙区及び各選挙区において選挙すべき議員の数を定めるものとする。参議院議員の全部又は一部の選挙について、②広域の地方公共団体のそれぞれの区域を選挙区とする場合には、改選ごとに各選挙区において少なくとも1人を選挙すべき②ものとすることができる。

前項に定めるもののほか、選挙区、投票の方法その他両議院の議員の選挙に関する事項は、法律でこれを定める。

第92条　地方公共団体の組織及び運営に関する事項は、地方自治の本旨に基いて、法律でこれを定める。　←（条文全体を書きかえ）

第92条　地方公共団体は、基礎的な地方公共団体及びこれを包括する広域の地方公共団体とすることを基本とし、その種類並びに組織及び運営に関する事項は、

---

⑤　大地震などの自然災害に対応するために、すでに災害対策基本法や大規模地震対策特別措置法など具体的・詳細な規定があります。不足があれば法律を改正すればよく、国民の権利制限を何でもできる「全権委任」の政令制定権を内閣に与える必要はありません。むしろかえって危険な規定です。

①　この改憲議論のきっかけは、参議院の島根鳥取・香川徳島の選挙区が合併されたことに始まりますが、この改憲案は、参院選での「合区解消」に止まらない、衆院の選挙制度にも関わるものとなりました。
ここには2つの狙いが見えます。

1・衆院小選挙区制の「一票の価値」の格差を2倍以内におさめることが困難なので容認できる憲法にする。

2・参院の選挙区での「合区」を解消し、都道府県単位の選挙区に戻す。

ここで大きな問題が生じます。

「選挙権の価値の平等」を損ないます。憲法14条の「法の下の平等」の原則や44条の「選挙権の平等」に基づき、衆議院の小選挙区については、「どんな理由があっても、格差はせめて2倍以内」という要請に反します。参議院での「合区解消」は一票の価値の格差をさらに広げてしまいます。

②　この②の方式は、「全国民代表」性に

地方自治の本旨に基づいて、法律でこれを定める。

4　「教育無償化」を口実に、あいまいで危険な言葉を挿入

第26条　すべて国民は、法律の定めるところにより、その能力に応じて、ひとしく教育を受ける権利を有する。

2　すべて国民は、法律の定めるところにより、その保護する子女に普通教育を受けさせる義務を負ふ。義務教育は、これを無償とする。　←（追加）

（3）国は、教育が国民一人一人の人格の完成を目指し、その幸福の追求に欠くことのできないものであり、かつ、国の未来を切り拓く上で極めて重要な役割を①担うものであることに鑑み、各個人の経済的理由にかかわらず教育を受ける機会を確保することを含め、教育環境の整備に努めなければならない②。

第89条　公金その他の公の財産は、宗教上の組織若しくは団体の使用、便益若しくは維持のため、又は公の支配に属しない慈善、教育若しくは博愛の事業に対し、これを支出し、又はその利用に供してはならない。　←（傍線部を書きかえ）

第89条　公金その他の公の財産は、宗教上の組織若しくは団体の使用、便益若しくは維持のため、又は公の監督が及ばない慈善、教育若しくは博愛の事業に対し、これを支出し、又はその利用に供してはならない。

反します。憲法43条は衆参両議院議員を「全国民を代表する選挙された議員」としています。国会議員は都道府県代表ではないのです。

自民党は「教育無償化」という看板を投げ捨てて「教育充実」に変え、「教育環境の整備に努めなければならない」というあいまいな表現で結びました（②）。

①　そもそも憲法26条では子どもの「教育を受ける権利」が第一ですが、自民党は、教育の目的に「（国民の）幸福の追求」と並べて「国の未来を切り拓く上で極めて重要な役割を担うもの」と挿入しました。これは26条の構造・性格を破壊してしまうものです。教育に対する国家の介入の根拠とする意図がうかがえます。（P60参照）

【憲法問題の中心点】

安倍改憲をストップさせ、憲法を生かした未来を切り開く

山田敬男（労働者教育協会会長）

はじめに

憲法問題の歴史的岐路を迎えています。安倍首相らは、憲法「改正」の2020年施行に向けて、どんなことがあっても今年中（18年）に改憲発議を行い、年内か来年冒頭に国民投票を強行する準備を進めています。来年はいっせい地方選挙、天皇の代替わり、参議院選挙と政治的スケジュールが詰まっているからです、戦後の日本は「戦争しない国」としてやってきましたが、これを支えていたのが憲法第9条です。この9条がいよいよ変えられようとしており、この意味で、戦後最大の岐路に立たされているといえます。

ところが、今年（18年3月25日）の自民党大会では、改憲に向けた動きを一挙に強める計画でしたが、急いでまとめた肝心の9条改憲の条文骨格案を披露することが出来ませんでした。なぜなら、党大会

に先立つ自民党憲法改正推進本部の全体会合における細田博之本部長へのとりまとめ一任という強引なやり方への党内や公明党などの反発に考慮したからです。さらに、森友学園関連文書改ざん問題などで安倍内閣への国民の批判が高まり、政権基盤が揺らいでいるときに、改憲案を提起するのは、国民と野党の安倍改憲への強い反発を引き起こしかねないと判断したからです。このように、安倍内閣の予想を超えて、憲法問題の障害が生まれ、改憲スケジュールが狂いはじめています。

しかし、私たちは、安倍首相らの改憲へのすさまじい執念を軽視することは出来ません。安倍首相（党総裁）は党大会で「憲法に自衛隊を明記し、違憲論争に終止符を打とうではないか。これこそが今を生きる政治家、自民党の責務だ」と強い意欲を示しています。

彼らは、衆参両院で「3分の2」体制を維持する今を逃したら、改憲のチャンスがなくなると必死の覚悟で国会発議の準備を急ごうとしています。

大事なことは、憲法第9条の改憲を許すかどうかを決めるのは、私たち日本国民ということです。もし発議を許しても、最後は国民投票で決まります。したがって、9条改憲をストップさせるには、主権者である国民の判断が問われるのです。

毎日の忙しい生活の中で、憲法に真面目に向き合うことはかなり面倒なことといえます。9条やその他の憲法の基本原則の理解も曖昧になりがちです。実はその曖昧さが徹底的に利用され、メディアをフルに使って、9条改憲に向けて世論を誘導する動きが顕著になっています。その意味で私たち国民が変わらなければならないのです。戦後最大の岐路ということは、その岐路に立ち向かう主権者である私たち国民のあり方が問われているともいえます。

Ⅰ 「自衛隊明記」の9条改憲をねらっている

① 9条改憲の戦略的転換

安倍首相は、9条改憲の戦略的転換をはかっています。昨年（17年）5月3日、安倍首相は、9条1項、2項に手をつけず、新たに「自衛隊の存在」を明記する9条改憲を提起しました。これまで改憲派の最大の目標は、戦力不保持と交戦権の否認を明記した9条2項の削除にあったのです。

自民党憲法改正推進本部の全体会合で細田博之本部長への一任という強引なやり方でまとめられた条文骨格案では、現行の9条第1項と2項を維持し、「9条の2」を新条項として新設するとしています。これは、新条項を10条とすると後も全部変更になり、混乱が起きるので、法改正などで使われている手法ですが、「9条の2」という形で9条と10条の間に新たな条項を創設するのです。9条とは関係のない独立した条項として扱われることになります。こうすることによって、現行の9条には全く手をつけないとして、国民の不安を取り除くねらいがあります。（4ページ参照）

今度の安倍改憲のねらいは、憲法9条を支持しながら、同時に、災害救助などで自衛隊を容認している国民感情を利用し、お世話になっている自衛隊の憲法上の根拠をつくるだけで何も変わらないといって、国民の同意を得ようとするものです。憲法9条が国民の中に定着しているので、9条2項削除では、国民投票で国民の支持を得ることができないという判断です。

また、「加憲」を主張している与党公明党への配慮でもあります。さらに、このような「加憲論」であれば、野党の一部も引きつけられ、反対勢力を分断できるという計算もあります。

② 国民の支持を得るための段階的改憲―9条2項の削除をめざして

この転換に大きな影響を与えているのが、極右団体である「日本会議《にっぽんかいぎ》」の政策委員を務め、シンクタンク「日本政策研究センター」の代表である伊藤哲夫氏です。安倍首相と「日本会議」との関係は極めて深いのです（後述）。この「研究センター」の機関誌『明日への選択』の2016年9月号で、伊藤氏は、9条1項、2項をそのままにした9条改憲を提案しています。伊藤氏は、今の憲法は「欠陥住宅」であるが、戦後70年経るなかで、それなりに国の中に浸透しているので、「憲法の一からの作り直しは不可能」であり、「耐震補強」としての改正提案が現実的である、と強調しています（『これがわれわれの憲法改正提案だ』）。憲法を全面的に作りなおす＝新築はすぐには無理だから、当面は「耐震補強」でいこうというものです。

重要なことは、こうした9条2項をそのままにした「自衛隊明記」戦略がはじめの一歩であり、それを突破口に段階的に改憲を企て、やがて9条2項を削除し、憲法前文を含めて全面的に改める作戦だということです。この段階的改憲のシナリオを自民党の憲法改正推進本部の船田元・本部長代行が2月15日に開かれた国会内の集会にビデオ出演し、「2項を残した形で自衛隊を明記する方が国民の理解が得やすい」と語り、さらに、「もう一つのアイデアで、最初の憲法改正、これから複数回あるという前提で考えると、1回目の憲法改正では9条2項をのこしたままで自衛隊を書く。しかし2回目以降で、国民もわれわれも憲法改正手続きに慣れてきたところで将来は9条2項を外し、そして自衛隊を書くことにしたらどうか」と述べています。当面は「自衛隊明記」、その先に9条2項の削除という段階的改憲を意図しているのです。

③ 国民の憲法意識の動向

それでは国民の憲法に対する考えはどうなっているのでしょうか。NHKが17年にまとめた世論調査「日本人と憲法2017」は、興味深い結果を示しています（次ページ参照）。NHKは、憲法問題で、これまで1974年、1992年、2002年、2017年と4回、調査を行ってきました。74年と92年は「憲法改正は必要」より、「必要ない」が多かったのですが、2002年になると、「必要」が58％になり、「必要ない」23％を大きく上回っています。これは90年代に湾岸戦争などへの「国際貢献」が議論され、国民の憲法観が大きく変化した結果といえます。世論は憲法「改正」を認める方向に動いたかに見えたのですが、17年3月の調査を見ると、「必要」が43％に大きく減少し、「必要ない」が34％に大きく伸び、「必要」と「必要ない」が最接近しています。これは安倍内閣の改憲への不安と15年の安保関連法反対の国民運動が反映していると思われます。

さらに9条の評価を見ると、日本の平和と安全にどの程度役に立っていると思うかに関して、「非常に役に立っている」が今回29％で、「ある程度役に立っている」を合わせると82％になり、これまでの4回の調査で「役に立っている」と考える人が初めて80％を超えているのです。それは9条「改正」にも現れています。02年の調査では9条「改正」の「必要」が30％、「不要」52％でしたが、今回は「必要」25％、「不要」57％で、「不要」が「必要」をさらに大きく上回っています。このように、NHKの4回の調査を見ると、国民は改憲に慎重であり、9条の役割を高く評価し、多くの国民が9条改憲に反対していることがわかります。

ただもう一つの面を見ることが重要です。今回の調査を見ると、「北朝鮮」「中国」「国際テロ組織」の脅威を8～9割の人が感じており、自衛隊を合憲と答えている人が62％に及んでいます。また内閣府が2015年に行った世論調査では、自衛隊に「良い印象を持つ」が92・2％になっており、国民の自衛隊への「支持」が高いのも現実です。ＮＨＫの世論調査で自衛隊が今後、どのような面で力を入れていくべきかについて、最も多いのが「人命救助や災害復興」（90％）でした。このことが自衛隊「支持」の最大の根拠になっています。

こうした世論調査を見ると、国民の憲法問題への態度は、改憲に慎重であり、〝9条も大切であり、自衛隊も重要〟という複雑な特徴を持っていることがわかります。安倍内閣の改憲戦略は、この国民意識に働きかけて国民の多数を獲得しようとしているのです。

図１　憲法改正の要否

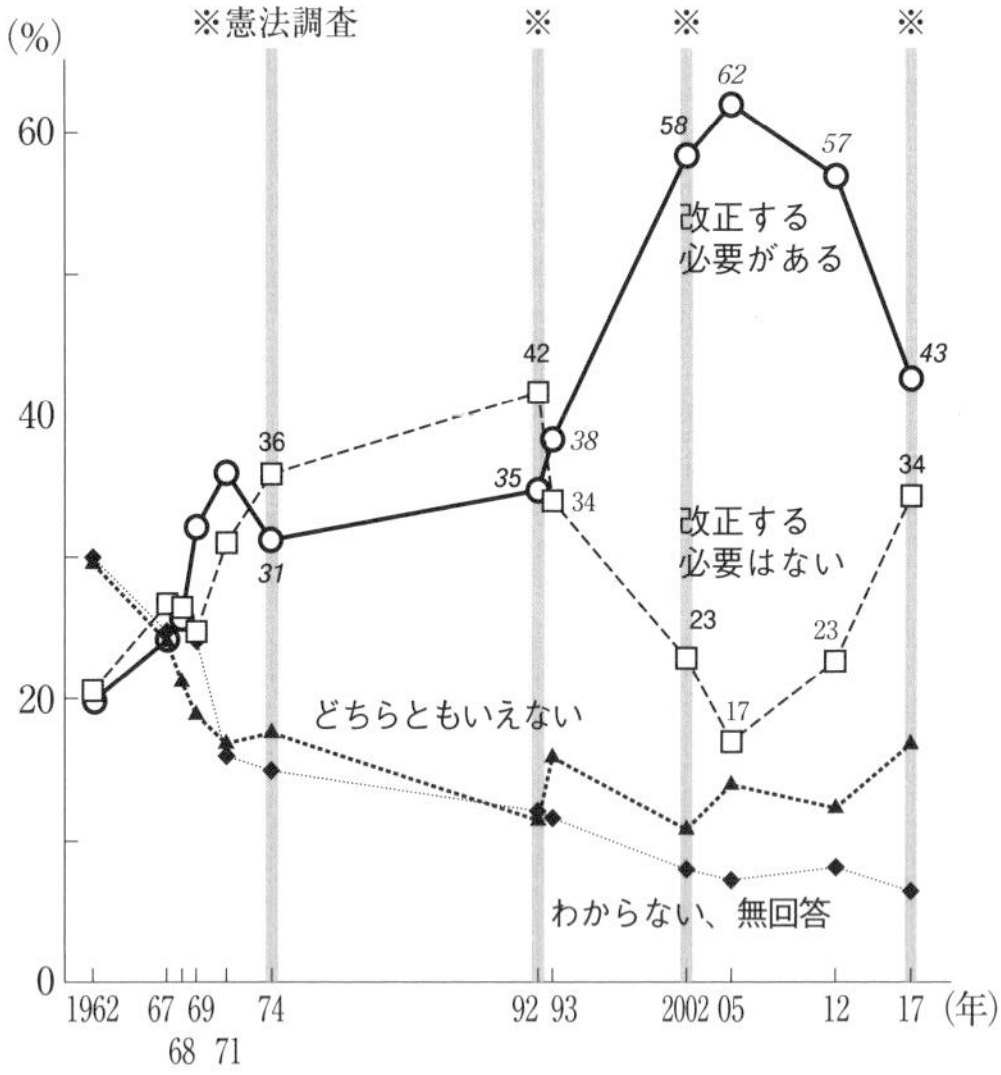

図２　９条の評価
『役に立っている』

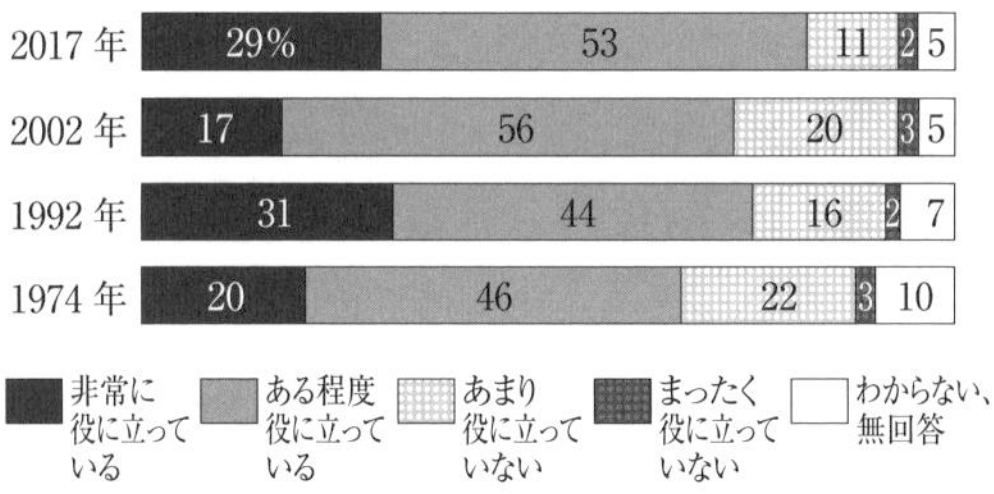

図３　９条改正の要否

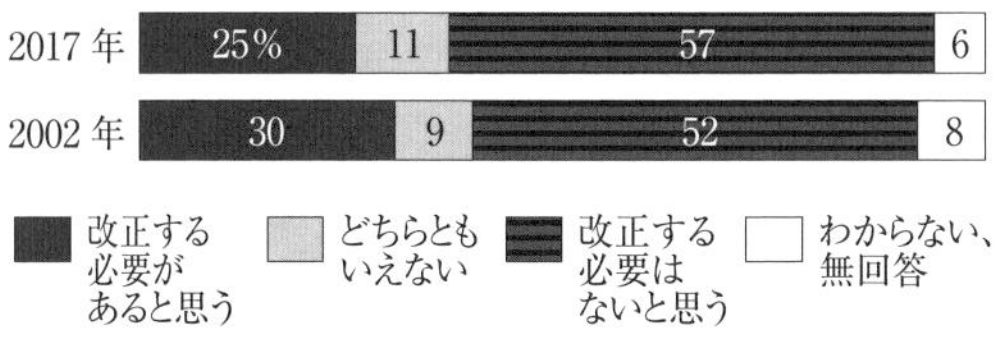

資料：ＮＨＫ放送文化研究所『放送研究と調査』2017 年 10 月号所収「憲法をめぐる意識の変化といま」より

④「自衛隊を明記しても何も変わらない」のか――最大の争点

いま職場や地域で、対話をしているなかでぶつかる大きな問題が指摘されています。それは、自衛隊には自然災害などでお世話になっているのだから、9条の1項・2項に手をつけないのであれば、憲法に「明記」してもよいのではないか、安倍首相も今までと何も変わらない、といっているではないか、という素朴な意見です。この問題にどう答えるかが、今度の憲法闘争の最大の争点なのです。

第一は、憲法に明記されようとしている自衛隊は、2015年9月に強行された安保関連法に基づいて行動する自衛隊であり、それ以前の自衛隊とは性格が異なっていることです。これまで政府は、自衛隊が「自衛のための必要最小限の実力組織」であって、9条2項が禁止する「戦力」ではないと主張し、海外での武力行使や集団的自衛権の行使、武力行使を目的とした国連軍への参加は出来ないと説明してきました。自衛隊の任務は「専守防衛」に限られるとしてきたのです。この見解を一方的に覆したのが安保関連法であり、「戦闘地域」での兵站活動や国連平和維持活動（PKO）における武力行使が認められ、たとえ制限付きであってもアメリカのために集団的自衛権の行使が可能とされたのです。この9条違反の安保関連法下の自衛隊を憲法で容認しようというのです。

第二は、「後法は前法に優る」という法律学の原則があり、後からつくられた条文が優先されるのです。9条1項・2項がそのままでも、「自衛隊明記」の条項がつくられ、9条1項・2項と矛盾した場合、後からつくられた「自衛隊明記」条項が優先されることになります。したがって、9条2項が空文化、死滅化されることになります。それは、安保関連法にあった9条2項による制約を取り除き、やがて自衛隊が世界中で自由にアメリカと一緒になって武力行使することを可能にさせることになります。

第三は、「自衛隊明記」は、「自国を守る」ために入隊した多くの自衛隊員を「専守防衛」の建前と違う海外での戦争で外国人を殺し、自分も殺されかねない危険な道に追いやろうとするものに他ならないのです。これまでの大義のないイラク、アフガニスタン戦争や南スーダンの紛争などへの派兵が自衛隊員の心を傷つけています。政府答弁（15年6月5日）によると、01年から10年までのイラク・インド洋派兵を体験した隊員56名が自殺し、そのうち14人が、因果関係を特定するのが困難としながら、精神疾患によるものとされています。また南スーダンに派遣された第11次派遣隊所属の隊員一人が自殺しました。今後、自衛隊の海外での武力行使の制約が取り除かれ、自由になれば、多くの自衛隊の身も心も壊されることになります。

Ⅱ　北朝鮮問題の解決と真の平和を求めて

①　北朝鮮問題の外交的解決

９条改憲を正当化するために、「北朝鮮の脅威」が盛んに強調されています。核実験やミサイル発射訓練を繰り返す北朝鮮の脅威に対抗するには、日米同盟を強化し、自衛隊の増強が抑止力として必要であり、憲法に自衛隊を明記するのは当然だというのです。確かに、北朝鮮の国際法を無視した核実験やミサイル発射訓練が北東アジアの緊張を高めています。しかし、「力」では問題を解決することは出来ません。北朝鮮に対するアメリカの軍事的脅迫も北朝鮮情勢の危機をエスカレートさせているだけといえます。戦争になれば、かつての朝鮮戦争（１９５０～５３年）を上回る悲惨な事態を招きかねないのです。重要なことは、国際法を無視する北朝鮮の暴挙には国際社会の合意に基づく経済制裁を行いながら、外交的な対話による解決の努力なのです。

ところが、平昌オリンピック・パラリンピックを契機に事態が大きく変化しました。平昌五輪に北朝鮮は高官を派遣し、五輪後に韓国大統領の特使が北朝鮮に派遣され、4月末に南北首脳会談を行うことになったのです。これは北朝鮮の「微笑み外交」に韓国が騙されたということではなく、戦争を避けようとする両国の努力といえます。さらに北朝鮮は、「体制保障なら核保有の理由なし」と非核化に取り組むことを述べ、アメリカとの対話の用意があるという態度を表明しています。

また韓国の特使が訪米し、北朝鮮の金正恩朝鮮労働党委員長の親書をトランプ米大統領に渡し、ついにアメリカと北朝鮮の首脳会談が実現される見通しになっています。「平和的解決」にむかって事態が大きく動いたのです。安倍内閣の圧力一辺倒の路線が破綻しました。

韓国政府の努力で始まった「対話」を成功させ、北朝鮮問題を外交的努力で平和的に解決することが求められており、国際世論の力でこの動きを成功させることが重要になっています。

② 北東アジアにおける「平和のルール」づくり・非核地帯化

北東アジアの持続的な平和にとって、日朝関係、日中関係の安定がきわめて重要な意味をもっています。ところが日本政府は自前の外交戦略をもたず、中国や北朝鮮の「脅威」を強調し、日米同盟による軍事的な対応に力を入れています。

いまのアジアはどんな国でも「力」で問題を解決することができなくなっています。ベトナム戦争終了後（1975年）のASEAN主導による東アジアの平和のルール構築の努力に注目する必要があります。TAC（東アジア友好協力条約・1976年）や東南アジア非核地帯化条約（1995年）によって東アジアの非核化と紛争を平和的に外交的に解決する枠組みをつくりあげてきました。これを北東アジアにまで拡大することが求められています。

そのためにも、北東アジア友好協力条約や北東アジアの非核地帯化条約の締結が極めて重要な意味を持ちます。北朝鮮や中国の「脅威」は、この「平和のルール」と非核地帯化づくりを一体的に進めるなかで解決することが大切です。とりわけ、17年7月に国連で法的拘束力を持つ核兵器禁止条約が採択されており、これにもとづく非核地帯化条約の締結は、北東アジアにおける核戦争の危険性を克服する上で極めて大きな意味を持っています。ところが安倍内閣はこの〝脅威〟を改憲に利用しようとしています。「ヒバクシャ国際署名」など核兵器禁止をめざす国民運動の力で安倍内閣の姿勢を変えさせることが重要です。

この「平和のルール」と非核地帯構築の手がかりになる「6ヵ国協議」の再開を求め、北東アジア

六者会合に関する共同声明（外務省仮訳より抜粋）
（中国、北朝鮮、韓国、ロシア、日本、アメリカ）
2005年9月19日　於：北京

（前略）

1、六者は、六者会合の目標は、平和的な方法による、朝鮮半島の検証可能な非核化であることを一致して再確認した。

朝鮮民主主義人民共和国は、すべての核兵器及び既存の核計画を放棄すること、並びに、核兵器不拡散条約及びIAEA保障措置に早期に復帰することを約束した。

アメリカ合衆国は、朝鮮半島において核兵器を有しないこと、及び、朝鮮民主主義人民共和国に対して核兵器又は通常兵器による攻撃又は侵略を行う意図を有しないことを確認した。

大韓民国は、その領域内において核兵器が存在しないことを確認するとともに、1992年の朝鮮半島の非核化に関する共同宣言に従って核兵器を受領せず、かつ、配備しないとの約束を再確認した。

1992年の朝鮮半島の非核化に関する共同宣言は、遵守され、かつ、実施されるべきである。

朝鮮民主主義人民共和国は、原子力の平和的利用の権利を有する旨発言した。他の参加者は、この発言を尊重する旨述べるとともに、適当な時期に、朝鮮民主主義人民共和国への軽水炉提供問題について議論を行うことに合意した。（中略）

4、六者は、北東アジア地域の永続的な平和と安定のための共同の努力を約束した。

直接の当事者は、適当な話合いの場で、朝鮮半島における恒久的な平和体制について協議する。

六者は、北東アジア地域における安全保障面の協力を促進するための方策について探求していくことに合意した。（後略）

の持続的な「平和の枠組み」の実現に努力することが私たちの重要な課題になっています。2005年9月の「共同声明」（前ページ）では、朝鮮半島の非核化とともに、「6ヵ国協議」を北東アジアの平和と安定の枠組みに発展させる展望が明記されています。日本国憲法第9条を持つ日本がこの「平和の枠組み」づくりの先頭に立つことが求められています。

Ⅲ　なぜ9条改憲にこだわるのか

1　安倍首相は「靖国派」を代表する極右的政治家

安倍首相は、なぜ改憲にこれほどこだわるのでしょうか。一つの要因は、彼が「美しい国」日本をつくるには改憲が絶対必要という独特の歴史観、国家観の持ち主であるからです。安倍首相は、「戦後レジュームから脱却」して、「美しい国」日本を取り戻すと、公然と主張し続けています。レジュームとは、政治体制という意味であり、簡単に言えば、憲法体制からの「脱却」ということです。いまの憲法を変えなければ、「美しい国」日本を取り戻すことはできないという考えの持ち主です。

安倍首相がなぜこうした独特の考えを持つようになったのでしょうか。安倍氏は、1993年7月の総選挙で初当選し、わずか13年で首相の座を射止めた（06年、第一次安倍内閣の発足）戦後派の政治家です。

彼は初当選すると、すぐに、自民党に結成された「歴史・検討委員会」の委員に任命されます。「歴史・検討委員会」は、「従軍慰安婦」に「日本軍の関与」を認め、「反省とお詫び」を表明した「河野談話」（93年8月）や日本の侵略戦争を歴代首相として初めて認めた細川護熙首相の記者会見（93年8月）に危機感を持った右翼的潮流によって組織されました。彼らは、「大東亜戦争」（アジア太平洋戦争）

の学習会を行い、戦後50年の95年に『大東亜戦争の総括』を刊行し、「大東亜戦争」は侵略ではなく、自存・自衛の戦争であり、アジア解放の戦争であったと総括しました。安倍氏はこの「委員会」の中で、先輩たちに鍛えられたのです。

97年5月30日、〝靖国派〟を総結集する「日本会議」が結成され、前日（29日）に、応援組織として、「日本会議国会議員懇談会」が発足し、安倍氏はそのメンバーになります。

自民党、歴史・検討委員会編『大東亜戦争の総括』

「日本会議」は、皇室を中心とする「民族の一体感」を強調し、これこそが「美しい伝統の国柄」だと主張し、「行きすぎた権利偏重の教育、わが国の歴史をあしざまに断罪する自虐的な歴史教育、ジェンダーフリー教育の横行」を批判し、さらに、集団的自衛権の行使の実行や「日本人自らの手で誇りある新憲法を創造」することを提唱しています。安倍氏は、90年代のこうした右翼的運動に参加し、異様な歴史観に磨きをかけ、右翼的潮流の若きエースとしての立場を確立し、ついに06年に首相に就任したのです。こうした彼の来歴を見ても、安倍氏が戦後民主主義と日本国憲法を憎悪する極右思想の持ち主であることがわかります。良心的保守層が安倍首相の改憲路線に反発するのは当然といえます。

２ 日米同盟第一主義が改憲を不可避にしている

安倍首相が改憲にこだわるもう一つの要因は、日米同盟にあります。日本とアメリカの間には、日米安保条約があります（１９５１年に旧安保条約の締結、60年に現在の安保条約の締結）。ところが、今は安保条約の枠組みを超えて世界的レベルで軍事協力を行う日米同盟の時代になっています。日米同盟と憲法の矛盾がギリギリのところに来ているのです。以下、大まかな経過を見ましょう。

第一期は、1978年に最初のガイドライン（日米防衛協力の指針）が日米両政府によって決定されたことに始まります。ベトナム戦争後（1975年にアメリカがベトナム戦争に敗れる）のアジア政策を見直す中で日本との同盟関係を強化するためにガイドラインが結ばれました。安保条約の第5条の日米共同作戦の規定が抽象的だから、もっと具体化で実践的な枠組みが必要ということになり、ガイドラインが締結されたのです。この直後から日米関係は公然とした同盟関係である、と言われるようになります。

第二期は、1991年の冷戦体制崩壊によって始まり、日米同盟が大きく転換し、バージョンアップされます。91年にソ連の崩壊により冷戦が終わると、日米同盟のあり方が再検討され、新しいガイドラインが97年に締結されます。「日本有事」にかわり、キーワードが「周辺有事」になります。アジア太平洋地域で、アメリカがこの地域の紛争に介入するときに、日本の自衛隊が「後方支援」で参加するというものでした。集団的自衛権の行使を可能にせよというアメリカの対日要求が強まります。

第三期は、2001年の9・11テロ事件を契機に開始されたアフガニスタン・イラク戦争に日本が協力する中で始まり、「世界のなかの日米同盟」とよばれるようになり、自衛隊の海外活動が本格化しました。

第四期は、15年4月27日に三番目の新しいガイドラインが締結され、国際秩序の安定を口実に日米軍事協力が強化されている今日の段階です。「アジア太平洋地域およびこれを越えた地域」で、「切れ目のない日米共同の対応」が必要であり、日米両国が世界の安定のために「主導的役割を果たす」と宣言したのです。その具体化が同年9月に強行された安保関連法でした。これによって、制限付きながらアメリカのための集団的自衛権行使が可能にされたのです。

安倍氏は、「日本の抑止力は自衛隊プラス在日米軍によって完成」するといい、さらに、「日本の抑止力はアメリカとの同盟によって維持されているわけで、日米同盟は日本の生命線といえる」とも語っています（櫻井よしこ氏との対談『Ｖｏｉｃｅ』２００３年４月号）。安倍首相は、日米同盟をすべてに優先しており、アメリカとの「血の同盟」が日本の安全保障のために絶対必要と信じ込んでいます。いわゆる軍事同盟信仰です。そのためにも憲法９条を変え、制限なき集団的自衛権の行使が絶対に必要なのです。

おわりに――憲法を守り、憲法を生かす国民運動を

① 「国民過半数を視野に入れた運動」の発展によって改憲発議をやめさせよう

安倍政権のもとでの改憲を防ぐには、国会で改憲発議しても、国民投票では「とても勝てない」という力関係をつくらなければなりません。目安として、有権者はおよそ１億人ですが、国民投票に参加するのが、これまでの国政選挙から見て約６０００万人です。その過半数は３０００万人ですので、「安倍９条改憲ＮＯ！３０００万人署名」を成功させることは、安倍内閣が国民投票で勝てないという力関係をつくることになり、国会発議を断念させる「力」になります。従って、この署名運動を成功させることは極めて大きな意味を持っています。

今求められているのは、保守、革新の枠を超え、左派やリベラルも統一するこれまでにない広範な国民的共同の運動です。一致点は安倍内閣のもとでの９条改憲反対です。そのために、立場や意見の違いを超え、幅広い対話と憲法学習を職場、地域で具体化し、「国民過半数を視野に入れた運動」を成功させなければなりません。

②　憲法を守り、生かす力を職場や地域から

同時に、平和主義、国民主権、基本的人権などの憲法の基本原則の意味を深め、憲法を生かした日本社会の改革についても大いに議論することが大事になっています。社会保障や「働き方改革」のあり方などを大いに議論し、「ルールある経済社会」の実現にむけた議論を活潑に行うことが求められています。

いま大事なことは、おかしいことはおかしい、だめなことはだめと声をあげることです。勇気を出して一歩前に踏み出すことです。しかしいまの職場や地域を見ると、勇気を出して声を上げることは簡単なことではありません。それは勇気がある特別な人にできるのだ、という声が聞こえてきそうです。しかし、勇気は個人の性格だけの問題ではありません。普通の仲間でも勇気を出せるのです。それは、信頼できる仲間に支えられ、対話と学習によって問題の核心を理解できている場合です。

日本の社会では、差別やいじめ、不正など理不尽なことは許さないという「まともな人間関係」が失われつつあります。これでは労働者や市民はバラバラにされ、本音の付き合いも不可能になり、とても勇気を出すことができないでしょう。理不尽なことを認めず、仲間を思いやる「まともな人間関係」を取り戻すことが、人間の連帯の基盤を回復させ、普通の仲間が勇気を出して声を上げることを可能にさせるのです。そのためにも、一人ひとりの仲間の思いを大切にする運動が求められています。それは個人の尊厳に基づいた「納得」と「共感」の運動ともいえるでしょう。

こうした運動を職場や地域から起こすことによって、「憲法と政治を語る力」「政治と民主主義を語る力」をもった多くの仲間が生まれてくるに違いありません。歴史的激動の一年、私たちの生き方が問われています。

資料　改憲発議に必要な手続きの概要

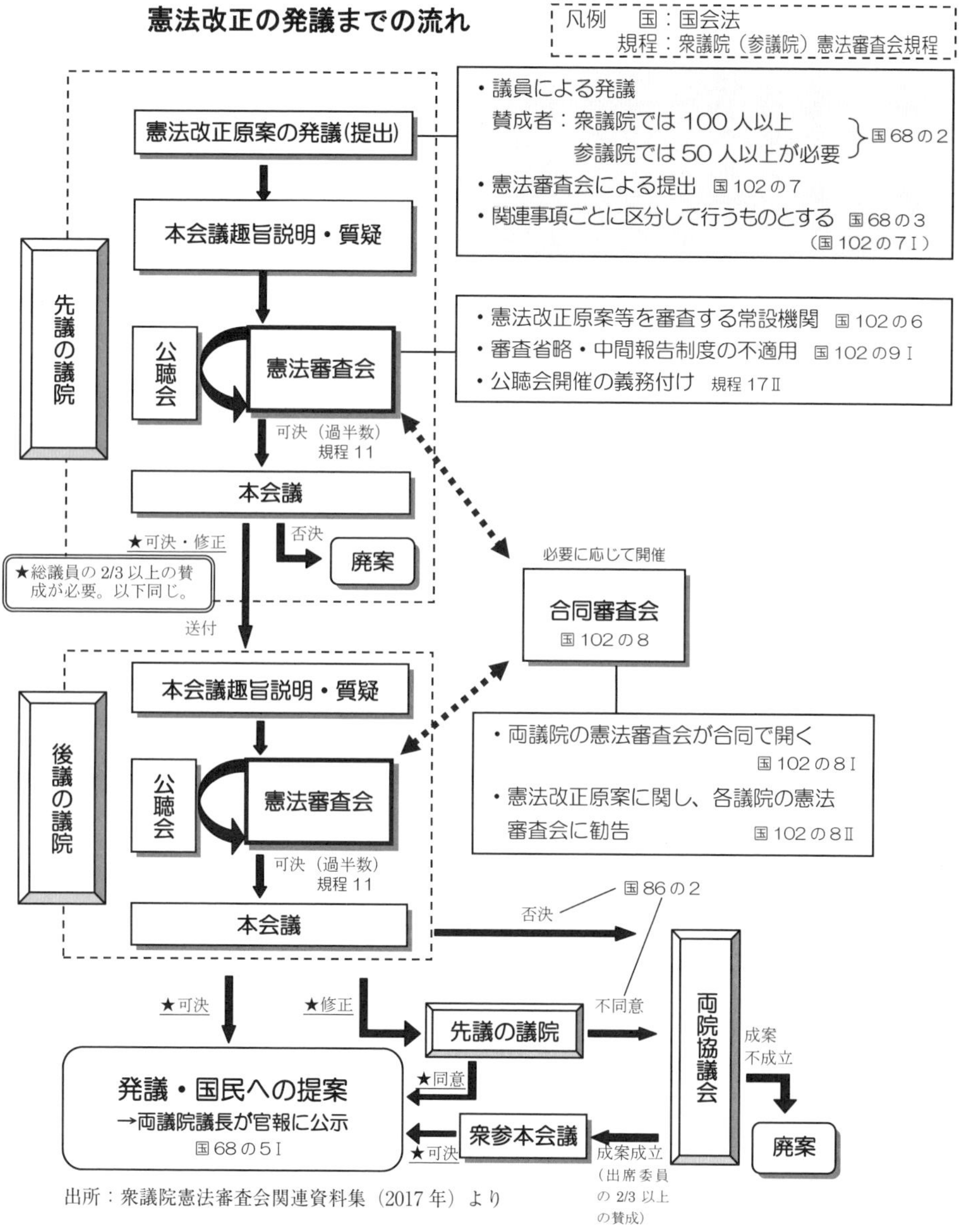

出所：衆議院憲法審査会関連資料集（2017 年）より

① 自衛隊を憲法に書くということ……

1-1

Q 安倍首相はなぜこれほど改憲にこだわるのでしょうか。

A **国民は改憲を望んでいない**

安倍晋三首相は、今年1月22日、通常国会の衆参両院での施政方針演説で憲法改正を執拗に呼びかけました。――「50年、100年先の未来を見据えた国創りを行う、国のかたち、理想の姿を語るのは憲法です。各党が憲法の具体的な案を国会に持ち寄り、憲法審査会において、議論を深め、前に進めていくことを期待しています。」というものです。

本来、内閣総理大臣は、公務員の中でもとくに重い憲法尊重擁護義務を負っていますから（憲法99条）、自ら憲法改正を唱道するのはこの義務に反することになりますが、立憲主義を投げ棄てている安倍さんはおかまいなしの様子です。こうした首相の姿勢を受けて、自民党は、憲法改正について、早ければ通常国会、遅くとも秋の臨時国会で発議し、来年3月までに国民投票に持ち込むというスケジュールを立てています。

このように改憲を強行しようとするのは、国民が望んでいるからなのでしょうか。いや、まったくそうではありません。どの世論調査でも、国民はいま憲法改正を要求していません。安倍さんは、それを望んでもいない国民に強要しているのです。この首相は、日本国憲法を変えなければならないと主張する根拠として、「占領軍（ＧＨＱ）によって押しつけられたみっともない憲法だからだ」などと言います。しかし、今彼がやっていることこそ、改憲の「押しつけ」なのです。

憲法を国民支配の道具に変える

安倍さんはなぜこれほど改憲にこだわるのでしょうか。

安倍晋三首相は、第二次大戦における敗戦のもたらした国制の根本的変更、つまり天皇主権から国民主権へ、戦争国家から平和国家への転換に、今なお憎悪に近い違和感を抱いている政治家です。１９５４年生まれ、つまり「自主憲法の制定」を掲げて成立した保守合同の年には1歳に過ぎなかった世代であるにもかかわらず、伝統的保守派に固有の「占領憲法打破」・「戦後レジームからの脱却」の強烈な信念をもち、そこから、侵略戦争時の犯罪的事実を書き換えることに執念を抱いています（歴史修正主義）。

この安倍内閣の下で、教育基本法が改悪され、特定秘密保護法、安保法制（戦争法）、共謀罪法が次々と強行採決で制定されました。これらの悪法によって、日本はすでに「戦争のできる国」へと変質している、ということができます。ただ、ここが重要なのですが、憲法が変えられることなく厳然として存在しているかぎり、この憲法が悪法・悪政を抑え、国を戦争に導くことのないよう、国民の基本的人権が侵害されることのないよう、防御の障壁となります。これが立憲主義です。

安倍政権は、どうしてもこの防御壁を取り除き、憲法を、国民にとっての平和と人権の砦から、権力にとっての戦争と支配の武器へと変えようとするわけです。――これが安倍さんが改憲にこだわる理由です。

（小林 武・沖縄大学客員教授）

1-2

Q 突然「自衛隊明記」による改憲が言われていますが、自然災害などでお世話になっている自衛隊を憲法に明記するのは悪くないのではと思うのですが。

A

自民党のもとの案にも反する「自衛隊明記」

「自衛隊明記」による改憲は、昨年（2017年）5月3日に、安倍首相によって突如提起されました（日本会議などによる集会へのビデオメッセージと読売新聞のインタビュー）。9条の1項・2項を残しつつ自衛隊を書き込む、というものです（4ページ参照）。

その時までの自民党の公式の提案は、2012年の「自由民主党日本国憲法改正草案」でした。それは、現行の第2章「戦争の放棄」を「安全保障」に変更した上で、9条2項を削除して（1項は形だけ残しますが）、集団的自衛権の発動、国防軍の創設、軍事機密の保持、軍事裁判所の設置、さらに国民の国防義務まで規定した軍事国家の憲法に変える案です。したがって、2項を残したままで自衛隊を書き込むという安倍提案は、同党内に混乱をもたらし、今もひとつにまとまっていません。

自衛隊の本質は軍事力――集団的自衛権の行使も

「自衛隊をそのまま書き込むだけだ」と言われると、問題がないように思ってしまいますが、実は、これは少しも安心できるものではありません。自衛隊について、国民は、何より、大きな自然災害などの時に不可欠な災害救助の役割を期待し、また専守防衛に徹するものと信じています。安倍さんは、そのような国民の善意につけ込んでいるのです。しかし、現実の自衛隊は、その名称はどうであれ、すでに世界有数の軍事力となっており、しかも2015年制定の「安全保障」法制（戦争法）によって集団的自衛権の行使ができ、海外で米軍と戦争協力をする存在になっています。

こうした軍事力が9条に明記されると、それが憲法上正当化されることになり、2項が定めている戦力不保持と交戦権否認は死文化・空文化されて、その形骸しか残りません。こうして、安倍提案は、9条を実質的に葬り去るためのトリックなのです。もし、政府が、真面目に災害救助に力を入れようというのであれば、軍事力を増強するのではなく、災害救助を専門におこなう組織をつくってその役割を強化するのでなければならないはずです。

安倍首相は、私の提案では自衛隊の任務や権限に変化は生じない、などと述べていますが、国民を偽る言明です。それは、「自衛隊」と名乗りつつ海外でも展開できる本格的軍隊を保有することを宣言するものであり、米国や軍事産業、巨大企業などの要望に応えて平和憲法を埋葬する提案だといわなければなりません。

違憲の戦争法が合意のものに

結局、自衛隊を9条に明記することは、自衛隊への国民の素朴な期待を利用しつつそれを裏切り、違憲の安保法制（戦争法）を合憲のものとし、強大な軍事力を憲法上の存在にしてしまうことを意味します。これを許すなら、軍事的な価値が人々の自由の上に立ち、平和教育や戦争否定の言論は徐々に封殺されます。安倍改憲は、必ず、発議前の段階で葬り去り、平和憲法を守り抜きましょう。

（小林 武）

1-3

Q 憲法9条の1項、2項はそのままで、自衛隊を明記するのですから、そんなに問題はないと思うのですが。

A

もとの9条は空文化・死文化する

安倍首相による提案は、憲法に自衛隊を明記するが現在の9条1項・2項はそのままにしておく、というものです。ただ、安倍氏は、「明記」を3項でするのか、ただし書きにするのかなどは何も示しませんでした。それは、後に自民党の幹部が語ったように、9条を削除すると言えば、まず公明党が飲んでくれないし、またとくに国民投票で負けるかもしれないからだ、というまったく党略的な観点から出されたものです。

それでは、この、9条1項・2項をそのままにして自衛隊を明記する安倍案の真の意味は何でしょうか。自民党が結党以来追求してきたのは憲法の全面改正で、したがって、2012年の「自由民主党日本国憲法改正草案」も、9条を全面削除し、国防軍を保持して集団的自衛権の行使を含む戦争のできる軍事国家に変えようとする内容であったのです。それで、この改憲案と安倍案との間で党内の混乱が生じ、今もくすぶり続けています。しかし、実は、この両者は、その本質において憲法9条の平和主義を根底から葬り去るものである点で変わりがないのです。

すなわち、自民党の本来の案は、戦力不保持を定めている9条2項を削除して、目的や性格を明確にした「国防軍」を創設するのに対し、安倍案は、2項を残したまま「自衛隊」を書き込むというものですから、一見、いかにも穏やかで現状維持的な案のように見えます。しかし、後に入った規範は前からあるものに優越するという法の原則によって、もとの9条は規範の力を失い、空文化・死文化してしまいます。結局それは、国民を欺く巧妙な方策であるといえます。この安倍案の出自は「日本会議」にあり（例えば参照、伊藤哲夫「『三分の二』獲得後の改憲戦略」『明日への選択』2016年9月号18頁以下）、国民の多数を獲得するために編み出された戦略なのです。

軍事がはびこる社会へと向かう

したがって、「自衛隊明記」案は、軍備の強化をもたらし、さらにそれだけでなく、日本社会のあり方を軍事化して、国民の生活を大きく変えることになります。すなわち、自衛隊が憲法上の正当性を与えられることによって軍事的な理由による国民監視や秘密保護、報道制限などがはびこることでしょう。また、予算は、軍事費の支出が増え、社会保障などは圧迫され、大学には軍産共同の研究が求められます。そして、自衛隊の活動によって生じる騒音等の被害についても住民に一層きびしく受忍を強いる、等々の影響がただちに出ることでしょう。こうして、国民生活の全般について軍事色が強まることは、火を見るより明らかだといえます。

このような安倍改憲を阻止することは、私たち現在の国民の担う歴史的使命であり、私たちには平和憲法を守り抜いて将来の世代に引き継ぐ義務があります。3000万署名の大運動を成功させ、国民投票まで進めても彼らには勝算がないことを思い知らせましょう。

（小林 武）

1-4

Q 北朝鮮のミサイルや核実験を見ると、憲法に自衛隊を明記して、抑止力を強めるのはしかたがないと思うのですが。

A

「抑止力」論は危険な理屈

「自衛隊を憲法に明記する、つまりはわが国の武力を強化することが北朝鮮のミサイルや核実験に対する抑止力となる」――たしかに、多くの人がそう思っているようです。彼の国の核・ミサイルは、国際ルールにも反した絶対に許されないものです。しかし、果たして、抑止力が必要だとして自衛隊を強化することが問題を解決することになるのでしょうか。

「抑止力」をめぐって、安倍首相は、18年1月22日の施政方針演説において、沖縄で米軍機事故が相次いで起きている事態をとりあげつつ、「日米同盟の抑止力」を維持するためには米軍基地は不可欠だ、という文脈で使っています。つまり、政府の考え方では、在日米軍は重要な「抑止力」なのだからいくら軍用機事故を起こしても米軍には全面的な訓練の自由が認められる、とされるのです。このような理屈からすれば、北朝鮮に対する「抑止力」として自衛隊を憲法に明記するのは当然、ということになるでしょう。

しかし、実は、この「抑止力」という概念は、とてもあいまいで危険なものです。具体的にどのような軍事力を指すのか、どのように機能するのかという中身の議論のないままで、思考停止を招き、現状容認をもたらしてしまいます。民主党政権時の2009年、鳩山由紀夫首相が、沖縄の米軍普天間基地を国外・最低でも県外に移設させるという方針を示しながら、1年もたたずに、米海兵隊の「抑止力」を理由に撤回してしまったのは、その一例です。

北朝鮮問題も平和的解決こそ

「抑止」という言葉には防衛的な響きがありますが、「抑止力」論は、自国の戦力が相手を攻撃するのに十分なものであることを前提にした考え方であって、攻撃的な性格をもっています。すなわち、こちらに実際の報復能力が備わっていなければならず、また相手に攻撃を思いとどまらせる脅しとして有効であるためには、それを確実に使う準備ができていることが求められます。こうして、つねに臨戦態勢をとっていることが必要とされ、また、軍事技術が進展する中で、たえず相手に勝る軍事力を維持しなければならないところから、歯止めのない軍拡に進むことになります。

結局、「抑止力」論にもとづく政策は、戦争を制御するという効果をもたらすものではなく、軍拡を正当化して戦争を招き入れることになります。しかも、今日の世界では戦争となれば核戦争です。つまり、いまの私たちの課題は、いかにして核兵器を禁止して戦争を防ぐかにあり、「抑止力」論は、それと逆行するものにほかなりません。

北朝鮮問題への対処にあたっても、「抑止力」を持ち出して自衛隊を憲法に明記するなどは、まさに有害で危険なやり方です。米朝間の無条件の交渉を直ちに始めることを促し、同時に、わが国政府が核兵器禁止条約に速やかに加わることこそ、今、求められているといえます。

（小林　武）

1-5

Q 「災害やテロに対応するために、憲法に緊急事態条項を入れるべきだ」という意見が出されていますが、どう考えたらよいでしょうか？

A

緊急事態条項は「トロイの木馬」

結論から言うと、そのような憲法改正は、必要性に乏しく、むしろ危険ですらあります。

緊急事態条項とは、一般に「戦争・内乱・恐慌・大規模な自然災害など、平時の統治機構をもっては対処できない非常事態において、国家権力が、通常の憲法秩序を一時停止して非常措置をとることを認める条項のことです。明治憲法14条の戒厳大権や31条の非常大権、ドイツのワイマール憲法48条の大統領非常措置権などが、それにあたります。また現在のドイツ憲法には、「対外的緊急事態」と「対内的緊急事態」について詳細な規定が置かれています。

このように憲法の緊急事態条項は、通常、戦争や軍隊の発動を念頭に置いて制定されるものであり、その際に「平時」の民主主義的な国家運営が停止され、国民の基本的人権が制限されることが一般的です。そこには、常に濫用の危険がともないます。ようするにこの条項は、憲法の破壊を憲法自体が認めてしまうという、憲法にとって「トロイの木馬」のような規定です。

災害対応にとって有害無益な条項

設問は、「災害やテロに対応するため」としていますが、これらは、憲法に緊急事態条項を入れなければ対処できないものでしょうか。いずれの場合も、それぞれの事態や状況に応じた適切な対策を、それにふさわしい公的機関や民間組織にとらせることができるよう具体的に定めることが重要です。それらは、憲法ではなく法律や条例などで定める方が、より適切に対応できるでしょう。こんにちの日本では、災害対策基本法、大規模地震対策特別措置法、テロ対策特別措置法など、多くの法律によって災害やテロに対する対策が定められています。

こう言うと、「法律の想定を超えるような事態が起きたらどうするのか」と問われそうですが、そのような事態には、憲法に緊急事態条項を置いても無意味です。残念ながら、いや当然のことですが、憲法は何でも願いをかなえてくれる「ドラえもんのポケット」ではありません。私たちは、災害時には「想定できない事態には対処できない」のであって、こうした一般的な憲法条項は、大災害の時には役に立たないと同時にその濫用の危険を生むだけです。

結局「本命」は軍事的有事への対応

憲法に緊急事態条項を入れようという提起は、「災害やテロ」を口実にしながら、実は戦争や治安出動を念頭に置いていると見たほうがよいでしょう。憲法9条をかえて、自衛隊を他国の軍隊と同じような組織にする場合、緊急事態条項は、「のどから手が出る」くらい欲しいもののはずです。緊急事態条項と9条改憲との深い関係に要注意です。

そういう目で、自民党が用意している緊急事態対処のための改憲案には警戒が必要です。そこには、「大地震その他の異常かつ大規模な災害」と記されていますが、現行法制は、武力攻撃を受けた場合の災害も「武力攻撃災害」と呼ばれています（国民保護法2条4項）。自民党の改憲案の緊急事項条項は、このように戦時にも適用可能なものなのです。いやむしろ、そちらの方が「本命」と見たほうがよいでしょう。

（小沢隆一・東京慈恵会医科大学教授）

② 憲法問題のきほん

2-1

Q 憲法は何のために必要ですか。また立憲主義とはどういう意味ですか。

A

法治主義と三権分立

近代の国家の政治は、法律その他ルール（法規範）に従っておこなわれています。これを法治主義といいます。そのルールのなかで最高の位置にあるのが憲法です。

近代憲法は、主権者である国民がもつ基本的人権を権力が侵害しないように、権力をしばるという役割をもっています。これが立憲主義です。そのため、権力をもつ国家機関を立法・行政・司法に分けて、互いにチェックさせ合う三権分立のしくみをとっています。

また、民主主義の実現には、中央政府に権力が集中するのを防ぎ、地域の実情にみあった政治と地域住民が参加するしくみが求められます。地方自治の原則です。

日本国憲法は第98条1項で、「憲法は最高法規である」「これに違反する法律、命令など国の行為はその効力を有しない」という趣旨のことを明言しています。さらに第99条で、政治にかかわる公務員に憲法を尊重し擁護する義務を負わせています。

にもかかわらず、国家機関が憲法違反の行為をすることが現実にはありえます。国会で与党が多数にものをいわせて、野党や世論の批判がある悪法を強行成立させてしまうことがあるのです。

その場合、多数決でとおった法律だからやむを得ないとするのではなく、憲法は司法（裁判所）に違憲審査権を与えているのです（81条）。この権限は地方裁判所や高等裁判所にもありますが、最終的には最高裁判所が終審裁判所となります。裁判所に違憲審査権があるのは、立憲主義の重要な一面です。しかし、日本の最高裁判所がこれまでにだした違憲判決はわずか10件です。こうした裁判所の消極性は改善される必要があります。そのためにも裁判所予算の大幅増額が求められます。多数の横暴を許さず、少数者の基本的人権をまもる最後の砦《とりで》、「憲法の番人」としての裁判所に期待し、応援する必要があるでしょう。

教育無償化のために改憲は必要ない・・・憲法と法律の関係

ここであらためて、憲法と法律の関係をみておきましょう。憲法は、政治の基本原則を定めたものですから、具体的なことは「法律で定める」と法律に委《ゆだ》ねています。

たとえば、憲法第26条では、「すべて国民は、法律の定めるところにより、その能力に応じて、ひとしく教育を受ける権利を有する」と規定していますので、教育を無償にするには「法律」をつくればいいのです。教育無償化のための法律をつくるのを怠ってきたのは、ほかならぬ安倍内閣をふくむ歴代保守政権なのです。だから、教育無償化のために改憲が必要との議論は成り立ちません。時代に合わせて改憲が必要という主張も、判例の積み重ねや国際条約に従った憲法解釈で充分に対応できることです。

（杉井静子・弁護士／労働者教育協会副会長）

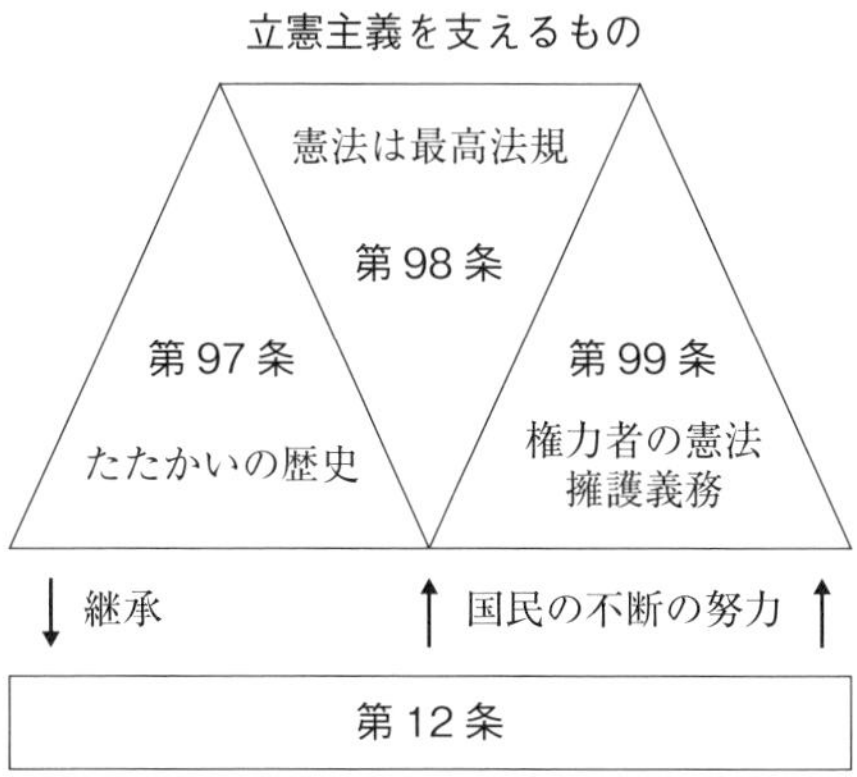

立憲主義、すなわち憲法の最高法規性（98条）は、人民のたたかいの歴史（97条）と権力者の憲法擁護義務（99条）、さらには国民の不断の努力（12条）によって支えられています。

資料：小沢隆一編著『クローズアップ憲法』（法律文化社）掲載の図表を元に著者作成

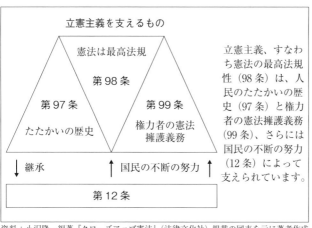

Q 2-2 日本国憲法の第9条はどのような意味を持っているのでしょうか？

A

憲法9条の本来の意味を見きわめる

これは、「一筋縄」では答えづらい質問です。なぜなら、歴史的な理解が必要だからです。憲法9条についての政府の説明は、憲法が制定された時と、その後、日米安保条約を締結（1952年）し、自衛隊を設置（1954年）した時とで変わっていきます。そして、2015年に安保法制（戦争法）の制定を強行した際に、さらに変わりました。こうした政府の手前勝手な憲法解釈とその変更に対して、私たちが、主権を有する国民として、「そもそも憲法9条はどのような意味をもっているのか」という問いかけをすることが、この質問の意義でしょう。

憲法9条は、1項で、「国際紛争を解決する手段として」の戦争と武力による威嚇、武力の行使を放棄し、2項で、そうした「前（1）項の目的を達するため」、「陸海空軍その他の戦力」の不保持と、交戦権の否認を定めています。ここでの「国際紛争を解決する手段として」という言葉は、「侵略のため」という意味であることが、パリ不戦条約（1928年）の用語との類似性から確認できます。そのことから、1項では「自衛」のための武力行使までは禁じていない、すなわち自衛権は放棄していないとの解釈が出てきます。（ただし、1項は「自衛のため」の戦争や武力の行使も放棄したと解釈する学説もあります）それでも、2項で戦力の不保持を定めている以上、その結果として自衛のための戦争や武力の行使もできないというのが憲法制定当時の政府の憲法解釈でした（例えば、1946年6月26日衆議院での吉田茂首相の答弁）。

揺れ動く政府の9条解釈に対抗する主権者の眼を

この間、安倍首相らが目の敵にしている「6割の憲法学者」が自衛隊を違憲としている（筆者もその一人です）のは、こうした憲法制定当時の政府解釈を重視してのことです。「9条2項の『戦力』とは日本の軍隊であって外国の軍隊は別だ」として、安保条約による米軍駐留を正当化し、「9条は自衛権を放棄していないから自衛のために必要な実力は保持できる」として、自衛隊を合憲と強弁する政府の説明は、既成事実を取り繕《つくろ》う「屁理屈」に他なりません。そうした「屁理屈」の積み重ねの果てに、政府は、2014年の閣議決定と2015年の戦争法によって、それまで自らが違憲だとしてきた集団的自衛権の行使にまで踏み込んでしまったのです。こうした政府の御都合主義的な姿勢をただすのは、主権者である私たちの責務です。

アジア太平洋で2000万人以上ともいわれる犠牲者を出した侵略戦争の反省の上に立ち、「全世界の国民がひとしく恐怖と欠乏から免かれ、平和のうちに生存する権利を有する」と前文でうたった日本国憲法の9条が、戦争や武力行使を放棄し、それを確実に実行する方法として、警察力を超える実力としての戦力を一切持たないと定めたことを、私たちはこの国の主権者として、胸に刻む必要があります。こうした9条をしっかりと守る日本は、米朝首脳会談などを通じて動き出した北東アジアの平和構築に積極的な役割を果たすことができるでしょう。また、日本政府をその方向に動かす必要があります。9条をどのように解釈し、そこにいかなる意味を見出すかを、最終的に決めるのは、主権者である国民自身なのです。

（小沢隆一）

2-3

Q 国民主権とはどのような意味をもっているのでしょうか？

A

国民主権の歴史的発展をふまえて

これも、2-2と同じように、歴史的に考える必要のある質問です。

国民主権は、理念としては、アメリカのリンカーン大統領の演説が示すように「人民の人民による人民のための政治」のことです。近代市民革命を通じて、国家権力は、人民（国民）全体のものであり、したがって人民（国民）が国家権力の運営に参加することは当然であり、その結果、国家権力の活動は人民（国民）の基本的人権を保障するなど、その幸福の実現を目的としなければならないという原理として、国民（人民）主権は成立したのです。日本国憲法前文は、このことを次のようにはっきりとうたっています。

「そもそも国政は、国民の厳粛な信託によるものであって、その権威は国民に由来し、その権力は国民の代表者がこれを行使し、その福利は国民がこれを享受する」。

こんにち、およそ民主主義を標榜する国家であるならば、この国民主権の原理を正面から否定することはできないはずです。国民主権とは異なる君主主権の原理に基づく国家（君主制）が、数多く存在していた100年前の第一次世界大戦期や、ましてや、アメリカやフランスなど、ごく少数の国が、国民（人民）主権を掲げていた200年ほど前の市民革命の時代と現在とでは、雲泥《うんでい》の差です。国民主権の意義は、このように歴史的に発展してきたことをとらえることが大事です。

国民主権の実現をめざして

ただし、ここで、こうした崇高な国民主権の理念が、実際の政治においてはたして実現しているかを、しっかりと問う視角が重要です。民主主義を掲げながら独裁的な政治体制をしく国、選挙権の平等な保障や公明正大な選挙制度の実現には程遠い体制、汚職や不正、数多くの人権侵害がはびこり、さまざまな少数者を虐げる政治など、事例をあげれば限りがありません。日本国憲法のもとでの政治も、「国民主権は本当に実現しているか」という観点から、総点検が必要です。森友学園の小学校開設をめぐる財務省の文書改ざんや、加計学園の学部設置認可への介入などは、国会と主権者国民に対する裏切り以外の何ものでもありません。安倍政権はその責任をまぬがれません。こうした現実をただしていくことにこそ、具体的には、憲法と民主主義をないがしろにする内閣を早期に退陣させることに国民主権の意義があるのです。

国民が声をあげることの意義

２０１５年に多くの国民の反対の声を押し切って強行された安保法制（戦争法）に対して若者（学生）たちが発した「民主主義って何だ」「主権者は私たち」などの真摯《しんし》な問いかけに「真実」が宿っています。国民主権という理念によって正当性を与えられている国家権力は、つねに主権者である国民の審判の前に立たされます。国会や政府の中だけが政治ではなく、国会の外の私たち国民こそが主権者であり、私たち国民が声をあげ続ける限り、民主主義は決して死滅しません。国民は選挙で代表者を選ぶだけでなく、主権者として発言し行動する権利をもっています。国民主権は、そうした国民による直接的な政治参加をつねに促し励まし続けるところに、その理念としての価値があるのです。

もう一度くり返します。国民主権をとりもどすためには、財務省による文書改ざん問題や加計学園の問題などは、安倍政権全体の責任として、内閣総辞職によって決着をつける必要があります。

（小沢隆一）

2-4

Q 2019年に天皇の代替わりが予定されていますが、天皇と憲法の関係はどうなっているのでしょうか?

A

国民主権と天皇制度との矛盾

これも、前の二つと同様に、歴史のなかに答えを見出していくべき質問です。

国民主権が、2-3で述べたように「人民の人民による人民のための政治」を意味する以上、国王、皇帝、天皇などに政治権力を委ね、その家族を特別扱いする体制(君主制)は、それと相いれないものです。この体制は、基本的人権の平等な保障の原理にも反します。日本国憲法は、第1条で天皇を「日本国の象徴であり日本国民統合の象徴」と位置づけ、4条で「この憲法が定める国事に関する行為(国事行為)のみを行い、国政に関する権能を有しない」と規定して、「政治権力を持たない象徴天皇」の制度を定めていますが、その一方で国民主権と君主制と間の矛盾と類似のものを孕《はら》んでいます。

なぜ日本国憲法がこうした「矛盾」を孕《はら》むことになったのか。その答えのためには、歴史的考察が必要です。1889年発布の大日本帝国憲法(明治憲法)は、天皇主権原理を採用し、天皇は内閣から独立した軍の指揮権(統帥権)を持っていました。国家の非常時の際のさまざまな緊急事態権限も定められていました(Q1-5参照)。こうした天皇制国家の日本が、国内外の人民の命や権利をかえりみず、アジア太平洋で侵略戦争を繰り広げたあげくに1945年に敗戦を迎えたのです。

日本の「戦後体制」の軸となる憲法について、占領軍やアメリカは、「日本を二度と敵にさせない」ために、戦争放棄と戦力不保持を定めた憲法9条(Q2-2参照)とともに、政治権力を剥奪した天皇制の維持を構想します。天皇を含む日本政府の側は、そうした占領軍側の意向に従うしか、「天皇制存続（国体護持）の道はない」と判断して、日本国憲法の成立へと積極的に応じます。こうして、明治憲法の（全面的）改正という手続きを経て生まれたのが、現在の日本国憲法なのです。日本国憲法に内在する国民主権と天皇制度の矛盾は、こうした経緯によって生まれたものです。

代替わりと儀式を国民主権の視点からきびしく監視しよう

２０１９年の現天皇の退位にともなう天皇の代替わりに際して、私たちは、憲法1条が定める「この地位は、主権の存する日本国民の総意に基く」という精神にのっとって臨むことが求められます。代替わりに当たって、国民主権の意義をないがしろにする動きや、憲法が保障する思想・良心の自由、信教の自由、政教分離の原則、表現の自由を侵すような傾向に対しては、主権者としてかつ基本的人権の主体として、きびしく監視し、場合によっては抗議することが大切です。代替わりに際してこそ、「主権者は私たち」の理念の真価が問われるのです。

政府は、3月30日、明治以来初となる天皇退位の儀式のほか、従来の代替わり儀式を踏襲するとの方針を発表しました。これらには、「即位後朝見《ちょうけん》の儀」や「大嘗《だいじょう》祭」など国民主権や政教分離の原則に照らして重大な問題をもつものが含まれています。そして、天皇制度が存続するかぎり、これが国民主権と基本的人権の平等な保障という日本国憲法の基本原理との落差、違いに自覚的であることが求められると言えるでしょう。私たちの民主主義の度合いが試される問題です。

（小沢隆一）

2-5

Q 憲法で保障されている基本的人権はなぜ大切なのでしょうか。人権ばかり主張して、国民がわがままになっているという批判がありますが。

A

基本的人権は先人の努力で獲得されたもの

いまでは当たり前になっている思想や宗教、言論の自由、不当に逮捕・拘留されない自由、裁判を受ける権利などは、実は17～18世紀にかけて欧米で、専制的な封建領主や君主などの権力者の政治に反対する人びとの永年にわたるたたかいによって獲得されたものです。アメリカの独立宣言、フランスの人権宣言はその典型です。そして、獲得された自由や権利は、近代憲法にとり入れられます。日本国憲法もこのような人権獲得の歴史をふまえています。基本的人権は、制定法以前に（自然法で）、人間が生まれながらにしてもっているもので、国家により与えられたものではなく、法律で制限できるものでもありません。憲法第11条の「この憲法が国民に保障する基本的人権は、侵すことのできない永久の権利として、現在及び将来の国民に与へられる」という規定は、そのことを意味します。

しかし、自由放任の資本主義がすすむなかで富が資本家に集中し、労働者が劣悪な労働条件で働かされたり失業したりして、生存すら脅かされるようになり、自由主義だけでは個人の尊厳がはかれなくなるなかで、社会権の思想が生まれました。日本国憲法も世界の人権思想を背景に、生存権（第25条）をはじめ多くの社会権（労働権〈第27条〉、教育権〈第26条〉など）を保障しています。

人権は自分にもあるが他人にもある

ところで、人権は自分にもあるが、他人にも平等にあるものです。個人のその人らしい生き方を認めることは、「自分さえよければいい」という利己主義、わがままとはちがいます。だから人権と人権が衝突する場面では、「公共の福祉」による制約がでてきます。言論の自由があるからといって、他人を攻撃し傷つけるヘイトスピーチなどは許されないのです。互いに自由や権利の主体であり、尊厳のある個人として認め合い、リスペクトし合う。これが憲法が保障する人権です。

さらに憲法は、「この憲法が国民に保障する自由及び権利は、国民の不断の努力によつて、これを保持しなければならない」（第12条）と憲法と人権にたいする国民の心構えを規定しています。憲法があっても、それだけでは絵に描いた餅にすぎません。人権が侵されたとき、「おかしい！」と声をあげて、自由と権利をまもる行動が大切なのです。

（杉井静子）

Q 2-6 日本国憲法は占領期につくられた「押しつけ憲法」だという批判をどう考えますか。

A たしかに、占領期に占領軍（GHQ）から日本に対して憲法草案が示され、占領軍の強力な関与があり、一気呵成に憲法改正草案がつくられました。しかし、だからといって「憲法は押しつけられた」というのは、きわめて表面的、一面的、部分的な憲法制定過程の見方です。なぜ、占領軍が憲法草案を日本政府に示すことになったのでしょうか、日本国憲法の制定過程を理解するための4つのポイントを考えてみましょう。

ポツダム宣言は日本に何を求めたのか

第一に、1945年8月、日本が受諾した「ポツダム宣言」は、大変な犠牲を生んだファシズム・軍国主義の戦争への世界的な反省から、根本的な民主的改革を日本に義務づけていました。天皇制軍国主義を支えていた大日本帝国憲法（明治憲法）の「改正」は、もう避けられない国際社会の日本に対する要請となっていたということです。単にアメリカの押しつけではなかったのです。日本政府はこの「ポツダム宣言」の趣旨に合致した民主的な憲法を自主的に制定することを国際社会に約束し、その責務を果たさなければならない立場になったということです。

自主的な憲法をつくる機会

第二は、にもかかわらず、日本政府は、明治憲法にこだわり、憲法制定の機会が与えられていたにもかかわらず、その絶好のチャンスを生かせなかったことです。マッカーサーの示唆にもとづき、幣原首相は憲法問題調査委員会を設置しますが（45年10月25日）、この委員会はポツダム宣言の趣旨をまったく理解できず、天皇主権の明治憲法の骨格そのままの「憲法改正要綱」しかつくれませんでした。

これ以上日本政府に任せておくことはできないと判断した占領軍は自ら「憲法草案」を作成し、日本政府に提示したのです。

よく改憲論者は「一週間の短期間のうちに占領軍が勝手につくって押しつけた」と言いますが、大事なことは、その前に当時の日本政府に憲法を自主的につくるチャンスが与えられていたということです。

良心的知識人たちの努力

第三に、注目しなければならないのは、高野岩三郎や鈴木安蔵ら日本の良心的知識人グループの憲法研究会（45年11月5日結成）の「憲法草案要綱」が占領軍の草案作成に大きな影響を与えたことです。この「要綱」は、形式的な天皇を残しながら、国民主権、社会的生存権、男女平等などを定めており、きわめて民主的な憲法案でした。

第四に、憲法制定議会の審議の過程で国民主権の明記や生存権条項（25条）を加えるなど、自主的な努力の結果、日本国憲法が制定されたことです。

このように国民主権、生存権規定など重大な修正がこの議会審議の過程で行われ、日本国憲法の中に国会議員や国民の意思がいろいろな形で反映したのです。「占領軍から押しつけられた」などという単純なことでは、日本国憲法制定の意義は理解できないのです。

（柴山敏雄・現代史研究者）

2-7

Q 戦前の日本には大日本帝国憲法がありましたが、いまの憲法とはどのように違うのですか。

A

大日本帝国憲法の発布

大日本帝国憲法（明治憲法）は、1889（明治22）年2月11日に発布されました。神武天皇が即位したという神話の伝説の日である「紀元節」をえらんで、宮中で憲法発布式が行われました。天皇から国民がさずかるという形で憲法が発布されたのです。このことからもこの憲法がどんな性格、内容の憲法か想像できます。

天皇主権と国民主権

この憲法では、国の主権は天皇にあるとし、国民は天皇の臣民（天皇の支配をうける家来）とされていました。いまの憲法では、主権は私たち国民にあります。そして憲法13条では「すべて国民は、個人として尊重される。…」と定められ、すべての国民をあるがままの多様な人格を持った個人として尊重され、「個人の尊厳」を大切にすることを憲法の究極の基礎においています。国民を天皇の命令に従う家来としての臣民とする明治憲法とは根本的に違うところです。

総理大臣をはじめ各大臣、政府の役人は天皇が任命し、軍隊は天皇が指揮し（天皇の統帥権という）、戦争をはじめるのも終えるのも天皇の権限になっていました。裁判も天皇の名のもとに行われました。議会の協賛によって天皇が立法権を行使することになっていました。このように立法、行政、司法、軍事のすべての権限・権力が天皇に集中する仕組みになっていたのが明治憲法です。

明治憲法の天皇は、すべての国家権力を握る「統治権を総覧する」者（明治憲法第4条）として位置づけられていました。

いまの憲法では、一切の政治権力を持たないことを明確にし、「象徴」でしかない天皇となりました。

国民の自由と権利は？

明治憲法では、国民の自由や権利については、ほんの少ししか認められず、しかもすべて法律で制限できることになっていました。例えば、集会、結社、言論などの自由も法律の範囲内で認めるとしています。その法律の最たるものが治安維持法でした。

議会は国民の選挙でえらばれる衆議院と皇族、華族、天皇が決めた者からなる貴族院の二院制でした。選挙権は一定の国税を納める25歳以上の男子に限られていました。１９２５年から25歳以上の男子すべてに選挙権が認められましたが、女性の選挙権は、戦前は認められず、女性は政治から排除されていました。

明治憲法は、天皇が陸海軍を統帥し、軍隊の編成、常備軍の数を決める権限も天皇にありました。その天皇の軍隊が中国、アジアへの侵略戦争をしていったのです。

しかし、いまの憲法は、第9条で戦争放棄、一切の戦力を持たない、交戦権も認めないと定め、「武力によらない平和」を基本にしています。「戦争する国」の憲法から「戦争しない国」の憲法へと転換したのです。

（柴山敏雄）

③ 憲法問題に深く関係する話題

3-1

Q 日本会議と安倍首相が密接な関係にあると聞きますが、日本会議とはどのような組織で、何をめざしているのですか。また、憲法問題でどのような役割を果たしているのですか。

A

安倍首相の〝育ての親〟

日本会議《にっぽんかいぎ》は、1997年5月30日に結成された右翼団体です。各方面の右翼勢力が大同団結したものといわれています。「日本を守る会」(1974年成立)と呼ばれる右派系とされる宗教組織の結集体と、1960年代後半から1970年代にかけて展開された元号法制化運動などにとりくんだ団体を母体とする「日本を守る国民会議」(1981年成立。メンバーは保守派財界人や文化人が中心)が統合して発足したのが日本会議です。

日本会議は、明文改憲など極右・反動的な政策の〝発信源〟ともいうべき存在となっています。とくに安倍晋三氏との関係は典型的です。日本会議結成の4年前、1993年7月の総選挙で初当選した安倍氏は、日本会議の結成にもつながっていく右翼運動と連携する先輩議員から〝英才教育〟を受け、当時の右翼的な若手議員のなかでトップリーダーとして〝成長〟していきます。そして、自民党が弱体化し、党内で極右勢力が台頭するなかで、安倍氏は首相となるのです。つまり安倍氏は、日本会議を〝育ての親〟とする右翼政治家の〝サラブレッド〟といえます。

明文改憲へのあくなき執念

日本会議は、自らが育てたともいえる安倍氏が首相でいるうちでないと、自分たちの野望は実現できないという思いを強く抱いています。その野望とは、日本国憲法第9条を「改正」して日本を「海外で戦争できる国」にすること、そしてそれを支える人材や社会をつくることです。この目的を達成するために、日本会議は現在、①緊急事態条項、②自衛隊明記、③家族保護条項、の3点に絞って、安倍氏をはじめとする改憲派の国会議員と連携しながら、明文改憲を実現するための運動を推進しています（Q４－３参照）。

実は、日本会議の中核メンバーは、宗教団体「生長《せいちょう》の家」の影響を受けた右翼的な学生運動の活動家だった人たちです。日本会議の結成以来、事務総長を務めている椛島有三《かばしまゆうぞう》氏がその代表格といえます。生長の家は１９３０年に創設され、「明治憲法」＝大日本帝国憲法のもとで日本がおこなった侵略戦争や植民地支配を美化・賛美し、戦後も「明治憲法復活」「占領体制打破」をめざす政治運動を展開していました。しかし、１９８０年代には政治活動からの離脱を表明。これに反対する椛島氏たちのグループが生長の家を脱退し、後に生長の家のもともとの思想を受け継ぐ日本会議を結成するのです。

（手塚純一・現代史研究者）

3-2

Q 歴史認識の問題が大きな国際問題となっていますが、憲法問題とどのような関連を持っているのでしょうか。

A

安倍首相の歴史認識

戦前日本の戦争や植民地支配の歴史を領土拡張主義の侵略戦争と否定的に認識するのか、それとも「自存・自衛」のための「やむにやまれぬ」戦争、欧米からの「アジア解放のための正義」の戦争と肯定的に認識するのか、つまり歴史の事実とどう向き合い、どう考えるか、ということが歴史認識の問題です。

安倍首相は、中国、韓国はじめ国の内外からの強い批判をうけても「侵略の定義は定まっていない」との発言は撤回せず、「多大な損害と苦痛をあたえた」と言いながらも、日本の過去の侵略と植民地支配についてはいっさい認めようとしません。こうした安倍内閣の過去への認識は、世界では通用しない危険な歴史認識として同盟国のアメリカからも「失望した」とまで言われ大きな国際問題になったことは、私たちの記憶に新しいところです。

戦争への反省

そもそも第二次世界大戦後の国際秩序は、日本、ドイツ、イタリアがおこなった戦争が領土と勢力圏拡大のための不正不義の侵略戦争であったとの歴史認識を共通の土台にしてつくられたのです。この戦争への反省と教訓にもとづいて国際連合がつくられ、日本は「ポツダム宣言」を受託して、戦後が出発し日本国憲法が生まれました。

このように侵略戦争への痛烈な反省から戦後の国際政治と日本の戦後政治が出発したのです。安倍首相の戦争を美化し肯定する歴史認識と「戦後レジームからの脱却」という主張は、まさにこのような侵略戦争への反省から出発した戦後の国際秩序と日本の平和憲法体制を根底から否定するものです。

改憲問題は歴史認識の問題

このように、歴史認識の問題は日本国憲法の理解に深くかかわる問題です。つまり、過去の戦争や侵略、植民地支配の歴史を否定する歴史認識、戦争観の人たちには、戦争への反省のうえにつくられた日本国憲法、戦争の結果日本が受け入れることになったポツダム宣言、そのポツダム宣言の趣旨にそってつくられた民主主義と平和の憲法は到底認められないものということになります。

安倍首相をはじめ、今改憲を推し進めようとしている人たちには、この戦争にたいする反省は完全に抜け落ちているのです。それが改憲論者の歴史認識です。つまり第二次世界大戦における日本の戦争、政府が引き起こした戦争を反省し、その悲劇を二度と繰り返さないことを決意し、そのために国民主権の憲法を確定する、と明記した日本国憲法の歴史的意味を理解するためには、日本が行った戦争は何だったのかについての理解が不可欠です。

まさに改憲問題は歴史認識の問題であるともいえます。

（柴山敏雄）

3-3

Q 日本のメディアは憲法問題をどう扱っているのでしょうか。

A 改憲について、新聞を中心にしたマスメディアは、改憲勢力の主張を支持する読売、産経両紙と、そうした姿勢に慎重な立場を取ったり、憲法の意義を訴えて改憲には反対する多くの新聞とに、大きく分かれています。

改憲支持の読売、産経

昨年5月3日、安倍首相の「自衛隊明記の改憲を2020年までに」という主張を単独インタビューで発表させたのは読売でした。同紙は同じ日、社説で「自公維で3年後の改正目指せ『本丸』に着手するなら戦略的に」と首相発言を支持しました。産経も「戦後最大の危機に備えよ 9条改正で国民を守り抜け」と激励しています。読売はこれまでに1994年、2000年、04年の3回にわたって自社の改憲試案を発表、産経も13年に「『国民の憲法』要綱」を発表しています。

これに対し、朝日は「この歴史への自負を失うまい」「先人刻んだ立憲を次代に」、毎日は「施行から70年の日本国憲法 前を向いて理念を生かす」、東京新聞は「9条の持つリアリズム」と、憲法の意義を確認し、それを生かしていこうと主張するものでした。

健闘する地方紙

2018年新春の社説も同様です。読売は「あるべき憲法の姿を示したい」と言う首相の見解を説明し、各党に「それぞれの改正案を持ち寄り、大いに議論を深めてほしい」と求め（5日）、産経は「とうに改正されてしかるべき憲法」「現政権の下でようやく議論は緒に就いた。これを加速させたい」（3日）と主張しました。一方地方紙は、「未来のために9条改憲が本当に必要なのか。問われることになるのは、私たち一人一人の責任感と覚悟」（3日新潟日報）、「自衛隊を憲法に書き込めば、不戦の理念はさらに掘り崩される」（信濃毎日、3日）などと積極的に発言しています。

自民党は3月25日の党大会で、「9条1、2項を残したままで、自衛隊保有を書き込む」とする、9条改憲の方向と素案を決めました。ここでも社説は、「ずさん極まる9条論議」（23日朝日）、「熟成を待たぬ粗雑な決着」（24日毎日）、「軍事力の統制なくす」（23日東京）などに対して、「明快な条文へ熟議が必要だ」（24日読売）、「『自衛隊明記』を評価する」（25日産経・主張）と分かれました。

「改憲」の目的を暴露し、反対運動を広く伝え、改憲反対の世論をつくるのがメディアの責任です。メディアも正念場です。

（丸山重威・ジャーナリスト）

新聞各紙・2018年元旦付社説のテーマ

朝日	来たるべき民主主義　より長い時間軸の政治を
読売	緊張を安定に導く対北戦略を
毎日	論始め2018 国民国家の揺らぎ　初めから同質の国はない
産経	年のはじめに　繁栄守る道を自ら進もう
東京	年のはじめに考える　明治150年と民主主義
日本経済	順風の年こそ難題を片付けよう
北海道	激動をこえて　分断から寛容への転換を
岩手	災害と戦争　平和の重みを確かめる
秋田魁	新年を迎えて　地方の活力を引き出せ
山形	2018年が幕開け「創生」の営みを不断に
河北	核時代の岐路　国際社会の英知が試される
福島民報	新年を迎えて　新しい「将来之福島」を
福島民友	新年を迎えて　危機意識持ち挑戦する年に
上毛	新年を迎えて　支えあうための豊かさ
神奈川	新しい年に　ささやかな営みの先に
山梨日日	相克の先へ問われる政治　難題解決へ超党派力発揮を
新潟	2018年を迎えて　平和の海へ帆を上げよう
信濃毎日	暮らしの中で　人と在ることの大切さ
北日本	新たな年に　分断の流れ断ち切ろう
北國	創刊125周年　ふるさとに希望の灯ともす
福井	正念場の2018年　国体・障スポを県民へ
静岡	新年に寄せて　平和の尊さ改めて胸に
岐阜	新年を迎えて　平和を守り広める努力を
京都	新しい年に　世界とヒトの秩序が揺れる
神戸	平成を超えて　信頼の［糸］を紡ぎ直したい
山陽	地域の未来　ローカルの価値生かそう
日本海	新年を迎えて　平和の誓いを実行に
中国	怒りが支配する世界「公議」の風吹かせよう
山陰中央	新年を迎えて　平和の誓いを実行に
山口	政治展望　1強で前進する改憲路線
愛媛	世界の中の日本　平和の歩みを確実に次の世代へ
徳島	新年を迎えて　徳島の新たな価値発信を
高知	「岐路の年」世界　分断の深まりを超えて
西日本	ポスト平成へ　平和こそ次世代への遺産
佐賀	2018年を迎えて「温故知新」の一年に。
長崎	元日を迎えて　平和の価値共有する年に
大分合同	2018年の県内　大分らしさを求めたい
熊本日日	新しい年を迎えて　足元の「平和」を見つめる
宮崎日日	分断の時代　神楽の里が照らす共生の道
南日本	新年を迎えて　不易流行の精神忘れず
沖縄タイムス	2018新年に戦争起こさない努力を
琉球	新年を迎えて　自己決定権が試される

3-4

Q 沖縄の新基地建設問題を見ると、憲法が全く無視されているように見えるのですが、どうなっているのでしょうか。そもそも、なぜ沖縄に米軍基地がたくさんあるのですか？

A

なぜ沖縄に米軍基地が？

第二次世界大戦末期、米国は沖縄を日本本土攻略の最前線基地とすることを考えました。そして日本の敗戦が濃厚になった1945年3月、米軍は沖縄本島の離島に侵攻作戦を開始、4月には本島に上陸しました。その後、沖縄を南北に分断した米軍は、沖縄本島中部の嘉手納飛行場を接収し、また各地で日本軍を戦闘で追いつめながら、降伏してきた住民を捕虜にし、収容所に入れました（このとき、現在の普天間飛行場近辺に暮らしていた住民も収容されました）。そして、日本軍との組織的な戦闘が終了した6月23日以降も、日本とのいわゆる「本土決戦」にむけて、米軍は引き続き接収した旧日本軍の基地拡張を続けていました。

日本政府は連合国によって出された「ポツダム宣言」を受け入れ、無条件降伏をしました。その後、1951年に連合国とのサンフランシスコ講和条約がむすばれ、日本は正式に独立国家となりました。しかし米ソ冷戦が進行していく中で、米国は講和条約の3条で沖縄諸島の「施政権」（司法・立法・行政のすべての権力をふるう権利）を手に入れ、引き続き沖縄の占領を続けました。

そして、中国、ソ連との最前線基地とするために、沖縄基地を維持し核兵器の配備をも行っていたことが、いまでは明らかになっています。この下で米軍による残虐な事件・事故が相次ぎましたが、県民は自分たちで米軍兵士らを逮捕することも、裁くこともできない状況に置かれたままだったのです。

その後、沖縄では1960年代から祖国復帰運動が本格化し、1972年には本土復帰が達成されました。しかしながら、日本本土で展開された反基地運動の影響などで一部の基地が沖縄に移転させられ、日本全体の中で米軍専用施設が集中する比率はかえって高くなり（面積では約71％）、米軍による事件・事故は絶えませんでした。

なぜまた新たな米軍基地を？

1995年9月には、米国海兵隊兵士3人による小学生の暴行事件がおこり、米軍への抗議がたかまりましたが、日米両国政府はこれらの県民の切実な願いを逆手に取り、沖縄県名護市の東海岸辺野古沖に海兵隊の新基地を建設することなどを、「移転」の名目で発表しました。一方名護市民は1997年に行われた住民投票で、これらの移転を拒否する世論を示しました。しかし日米両国政府は、それでも諦めずに基地建設を強行しようとしています。

沖縄県民は、これまで辺野古新基地建設に反対する世論を過去に何度も示してきました。名護市の市長選挙では2010年に移設反対を掲げる稲嶺進市長を当選させ、県知事選挙では翁長雄志県知事を当選させ、県議会では知事を支える与党を多数派にしました（2018年2月の選挙では、明確に移設反対を掲げた稲嶺氏は惜敗しました）。また国政選挙では衆議院（小選挙区4議席のうち3議席）、参議院（1人区）で反対派を2名当選させてきています。にもかかわらず、政府与党、自民党・公明党は辺野古基地建設を強行しようとしているのです。安倍内閣の下で、憲法で明記された「平和的生存権」が無視されつづける──それが沖縄の現実です。

（峯　良一・現代史研究者）

3-5

Q 憲法問題の背後に日米関係、日米安保体制の問題があると言われますが、どういうことでしょうか?

A

「改憲」と再軍備はアメリカの要求で始まった

「改憲」は戦後一貫した米国の要求です。米国は、新憲法施行1年後の1948年2月?には、「日本の限定的再軍備」について米軍の最高幹部間で次のような確認をしています。

「戦略的な位置にある日本本土をわれわれが支配することは、…現在のわれわれの戦争構想を実行に移すために不可欠である」。「軍事的観点からのみ考えれば、日本の軍隊の創設は、日本の防衛を分担し、したがって米国の限られた人的資源の効率的活用をもたらすものとして、望ましい」。「防衛のため最終的に日本の軍備を認めると言う立場から、新憲法の改正を実現するための探求をおこなうべきである」と(ロイヤル陸軍長官の国防長官へのメモランダム。1948年5月)。

米国は世界情勢の変化のたびに、この決定を実施するために日本に働きかけてきました。1950年6月に朝鮮戦争が始まるとすぐ「警察予備隊」(陸上部隊)の創設を指令しました。1951年には、サンフランシスコ講和条約と同時に「日米安保条約」を押しつけ、日本側の希望で米軍が日本に駐留するという形をつくると同時に、警察予備隊を「保安隊」(陸・海)に改組。朝鮮戦争が「休戦」となるとMSA援助をテコに「自衛隊」(陸海空)を1954年に発足させます。米国が日本で創らせた自衛隊を〝軍隊〟として合法化するために、自民党による改憲策謀が起きますが、国民はこれをゆるしませんでした。

「安保条約」のもとで深まった、アメリカの戦争への協力

ソ連が世界最初に人工衛星を打ち上げ、米国の〝裏庭〟でのキューバ革命など世界情勢が変化する

と、日本の対米協力をさらにすすめるために1960年には安保条約を改定し、日本の軍備拡充だけでなく、両国間の経済協力まで義務づけました。ベトナム戦争が本格化するなか、米国は沖縄の施政権を返還し、沖縄も含めた日本全土からの協力のもとで戦争をつづけましたが、1975年に完全敗北。直後に「日米防衛協力小委員会」を発足させ、「日米防衛協力の指針（第1次ガイドライン）」（1978年11月）を発表し、安保条約の約束にも無い「極東有事」での自衛隊の対米協力を義務づけ、「思いやり予算」も組まれはじめます。1991年の「湾岸戦争」のあとの「第2次ガイドライン」（1997年）では日本に「周辺有事」での対米協力を約束させ、「周辺事態法」が立法されます。

ソビエト連邦が解体し、冷戦に勝利した米国は、新しい敵さがし、敵づくりでアフガン、イラク戦争を始めますが、この間に元国務副長官のアーミテージ氏が3回も「アーミテージ報告」を発表し、そこで「日本が集団的自衛権を禁止していることは、同盟間の協力にとって制約となっている。この禁止事項を取り払うことで、より密接で、より効果的な安全保障協力が可能になろう」と要求。「集団的自衛権の行使」は憲法違反であるとしてきた自民党政権は、ここに来て、内閣法制局長官を交代させ、集団的自衛権は「合憲」とする閣議決定をしました（2014年7月）。その立場で合意した「第3次ガイドライン」（2015年4月）では「世界有事」にも対米協力を約束し、その実施のために「安保法制（戦争法）」が立法されます。この違憲立法の合法化をねらっての安倍晋三による「明文改憲」は、すすめられようとしているのです。

安保条約によって日本に駐留する米軍、それを補完するために、憲法違反の軍隊が日本につくられ、拡充されてきましたが、いよいよ、日本が攻撃されていないのに、世界中で行動する米軍を助け、ともに戦うために、日本国憲法9条そのものの改定まで求められている。それが現状なのです。

（新谷昌之・神奈川県労働者学習協会）

3-6

Q 「働き方改革」が問題になっています。憲法と私たちの働き方はどのようなかかわりがありますか。

A

人間らしく働き生きるための労働条件と労働基本権（団結権・団体交渉権・団体行動権）

憲法は、労働者が健康で人間らしく働き生きる権利があることを明示しています。憲法27条の勤労権に基づき、労働者の働く条件（労働条件）を労働者保護法である労働基準法・労働安全衛生法を基本とする労働法制で定めています。

労基法は、労働条件は人たるに値する（人間らしく働く）もので、労使が対等な立場で協議して決め（そのために憲法28条で労働基本権〜団結権、団体交渉権、団体行動権を規定）、法律は最低基準であり労使はその向上のため努力しなければならない、と定めています。

労安法は、労働者の安全と健康の確保は事業者（主）の責務であり、いのちと健康を守るために労働安全衛生（働くことで安全と心身の健康をまもる）の体制の確立と労働条件の改善を示しています。

8時間働いて生活できることが憲法・労働法制の基本にあります。

労働者の命をおびやかす「働き方改革」―「定額・働かせ放題」で過労死増大

安倍政権の「働き方改革」（一括法案）の本質は、財界・大企業の利益拡大（「労働生産性」向上「国際競争力」強化）のための「働かせ方改悪」です。私たちは、憲法にもとづく健康で「人間らしい働き方」を求めています。

労働時間は労基法で1日8時間、週40時間が原則です。しかし、労使が協定を結べば時間外労働（残業）をさせることができ、問題はその上限規制がないことです。それを法案は、月100時間未満・

年間720時間、6カ月平均80時間で年間960時間も可能とする過労死ライン（過労死労災認定基準）の容認となっています。上限規制は、厚生労働大臣告示の週15時間、月45時間、年360時間とし、それを超える特例を認めないことを上限規制の要にしなければなりません。

さらに、「高度プロフェショナル制度」と称して、労働時間（時間外規制）、休憩、休日、深夜労働割増賃金の規定をすべて適用しない制度を導入しようとしています。これは「定額・働かせ放題、残業代ゼロ、過労死促進制度」であり撤回すべきです。また、裁量労働制（実労働に関わらずあらかじめ決めた時間を働いたとみなす制度）の対象業務を拡大（営業・企画立案・調査分析）しようとしていますが、これは「不払い残業合法化、過労死促進制度の拡大」です。この裁量労働拡大はデータねつぞうで、今回の国会では一括法案から撤回されました。

均等待遇をめざす「同一労働同一賃金」は、法案からこの言葉もなくなり、「同一労働・賃金格差容認法案」となっています。格差是正を理由とした「賃下げや手当をなくすこと」は禁止する内容に改正すべきです。

「雇用されない働き方」は、労働者の権利のすべてを奪う

政府、財界は、「雇用されない働き方」（非雇用型・自営型就労）を広げようとしています。これは労働者を労働者保護法から外し、労働保険（労災、雇用）も適用されず、社会保険（健康保険、年金）も国民健康保険・国民年金で、すべて自己責任にする「働かせ方」です。

私たちは、憲法にもとづき、健康を守り8時間働いたらふつうに生活できる賃金と雇用の安定、労働条件を求めていきます。

（佐々木昭三・労働者教育協会常任理事）

3-7 Q ９条の改憲によって、学校や家庭も影響を受けるのでしょうか？

A 憲法が変われば、日本は「戦争できる国」になってしまいますが、戦争は軍隊や兵器だけでできるものではありません。戦争をすることを是として、ささえ、協力する人間が不可欠です。戦争をささえる人づくりが重要なことを権力の側は知っています。ですから第1次安倍政権のときすでに教育基本法が改悪され（２００６年）、前文から平和という言葉が削られたり、２条に〝国を愛する〟ことが書き加えられるなどしました。

教育勅語の復権や「道徳」の教科化

戦前の軍国主義をささえたのが教育勅語です。教育勅語は、主権者でかつ神である天皇をいただく〝大日本帝国〟をささえる国民的道徳として、義務教育の場で徹底されました。儀式では日の丸の掲揚と君が代斉唱、教育勅語の〝奉読〟。国定教科書の冒頭にはその前文が載せられ、「修身」の授業の時間には教育勅語の暗唱・暗写が行われるなどなどです。そこを貫くのは「一旦緩急あれば義勇公に奉じ」ということ、つまり「お国のために命を捧げる」忠君愛国の思想でした。

ですから、国民主権の日本国憲法の下では相容れないものとして、１９４８年には衆議院、参議院いずれでも教育勅語は廃止ないし失効の決議がされています。

ところが安倍内閣は閣議決定で、教育勅語を教材として使用することを認め、さらに「道徳」を教科として授業で教えて評価することにしました★。

森友学園が教育勅語を幼稚園児に暗唱させ、それを安倍昭恵氏などが礼賛したことで話題になりましたが、安倍政権やその仲間が「教育勅語」を復活させようとするのは、戦争をささえる人づくりの一環です。

また、今年公表された高校の学習指導要領改定案では「公共」を科目として規定して愛国心を教え、校長の方針の下に、道徳教育推進教師を中心に、全教師が協力して道徳教育を展開するとされています。この他にも、2019年に施行される中学校の新学習指導要領には、体育で選択できる武道として、「銃剣道」が追加されました（これは自衛隊関係者以外ほとんど普及していない白兵戦用の武術です）。日の丸・君が代の斉唱が国立大学にも求められ、保育所や幼稚園の指針でも「国旗・国家に親しむ」が盛り込まれました。

戦争をささえる家庭づくり

戦争のための人づくりとして見逃せないのが家庭・家族です。

改憲勢力の日本会議は憲法24条を見直すべきと言っています。ジェンダーフリー教育を敵視し、男女共同参画社会基本法の廃止まで主張しています。家族は最小の「公共」として、家族のためには、女性の個人の人権がないがしろにされた戦前の〝家制度〟を理想としています。その考え方にもとづいた「家庭教育支援法案」が議員立法として提出されようとしています。そこでは、「家庭教育が大事」といって、家庭教育に国家が介入することが目指されています。「大東亜戦争を遂行するためのベースを培うのが家の役割」といった「戦時家庭教育指導要領」を連想させます。

再び「軍国の母」「銃後を守る家庭」という役割を女性や家庭に担わせようとする戦争のための「国策」を絶対に許してはなりません。


（杉井静子）

★ 評価方法は記述式ですが、評価である以上、学習指導要領にもとづく評価や教師の主観による評価が避けられません。

④ 憲法をまもり活かす運動をすすめるために

4-1

Q 若者は憲法問題をどう見ているでしょうか。彼らとの対話で大切なことは何でしょうか。

A

安心して話せる場や人間関係

まず大事なことは、若い人を特別視しないことです。「若者だから○○」という先入観で見ずに、一人ひとり、目の前の若い人にそくして対話することです。憲法のことをきちんと考え、議論している人もいれば、憲法はよくわからないけど戦争になるのはイヤだなと思っている人もいます。「私には関係ない」「難しいことはやめて」と感じている人もいるでしょう。

そのうえで、若い人が育ってきた環境を考えれば、学校教育のなかで憲法を学び議論する機会は一般的にいって少なかったと思います。新聞を読む文化もなくなっています。憲法の問題にふれたり、誰かと語りあうこと自体が少ないのです。どうしても自分の意見を整理したり相対化することができにくく、自分の意見がないがために対話や議論も不得意、ということではないでしょうか。

対話をするうえで大事なことは、どんな意見でも表出できる、安心できる場や関係性のなかで、対話を積み重ねることです。これも一般的な傾向としての話ですが、若い人は自分の意見をはっきり言うことに慎重です。「間違っていると否定されないだろうか」「こんなことを言ってバカにされないだろうか」「かたよっていると思われないだろうか」と、不安が先にたつのです。だから、何を言ってもいいんだよ、という対話の関係性をつくることが大事です。そのためには、小人数のディスカッション、たとえば憲法カフェなどの取り組みが大事になってきます。

「個人の尊重」・一人ひとりを大事にする憲法のすばらしさ

さらに対話のなかで注意してほしいのは、どうしても年配者のほうが知識や経験が多いために「教えてあげよう」「これを知ってほしい」と一方的に話をしてしまうことです。

若い人は「納得」すれば、みずみずしい感性と行動力で、大きな力を発揮します。とくに憲法の「個人の尊重」を中心とした基本的人権の中身を知ると、競争と評価にさらされ続けてきた若い人にとって、一人ひとりを大事にする憲法のすばらしさをぐっと身近に感じるのではないでしょうか。

納得するためには、人の話を聞くだけでなく、自分の言葉で、自分の考えを表出することが大事です。したがって、たとえばの話ですが、聴くこと7割、話すこと3割ぐらいのつもりで対話をしてほしいと思います。あくまで目安ですが。じっくりと聴くこと、待つことが対話の基本です。対話の中身は、その人の状況にあわせて、憲法と生活・労働が結びついていることがわかるようにすることも大切です。

若い人は、憲法の問題での議論は不慣れかもしれませんが、憲法9条のもとで育ち、一定の平和教育を受けてきました。平和への思いはそれぞれになりに抱いていると思います。平和への希求と、憲法問題がくっきり結びついたとき、憲法をまもりぬく主体者として、たくさんの若い人が行動をはじめてくれるはずです。若い人への信頼をゆるぎなくもって、働きかけていきましょう。

（長久啓太・岡山県学習協会）

4-2

Q 労働組合がなぜ憲法問題にとりくむ必要があるのでしょうか。職場の問題ですら、十分にとりくまれていないときに、とても無理だという声がありますが。

A

現場には、いろいろな考え方の仲間がいる

「労働組合がなぜ」ではなく、「労働組合だからこそ」憲法問題に取り組むのです。労働組合は、雇われて働く人の生活や働き方、もっといえば尊厳をまもるための組織です。その一人ひとりの尊厳をもっとも大事にし、国家権力にしばりをかけているのが憲法ですから、憲法をふみにじるような政治に対しては断固たたかいます。憲法の大事な原理が壊されようとしているときは、労働組合の存在意義にかけて、それを阻止するために全力をつくすのが、本来のありかたではないでしょうか。

ただ、職場の仲間と対話するときには、工夫や配慮が必要です。前段のような認識をもっている人ばかりではないからです。いきなり「安倍政権の改憲問題が」という話から切り出しても「遠い話」に聞こえてしまう仲間も多いと思います。「もっと身近なことに取り組むべきだろう」という意見はもっともな声です。そこで大事なのは、その身近な問題と憲法問題がつながっている、という認識を対話のなかで育てあうことです。

職場や生活の実態と「憲法を守らない政治」のつながりを理解

考えてみればあたりまえですが、憲法を大事にしない政治は、人間を大事にしない政治です。労働者の生活や働き方よりも、国家権力や企業利益を大事にする政治です。だからこそ、「働き方改革」と称して労働者の尊厳を守るためにある働くルールを骨抜きにしようとするし、総合的生活保障であ

る社会保障への全面攻撃を加えているのです。税金の集め方・使い方も、尊厳を守るようなものになっていません。

だから、職場や生活の実態から出発し、その「苦しさ」「ゆとりのなさ」の背景に「憲法を守らない政治」があることを、学習と対話のなかで、認識をつなげていく取り組みが欠かせません。それ抜きに、憲法改悪絶対ゆるさない！　とスローガンをかかげても、「組合がまた政治的なことをやって」と冷ややかな目でみる仲間もでてくるでしょう。

どちらも大切―向き合えば仲間は強くなる

憲法問題は、私たちの生活や働き方の問題であり、人間らしい地域や社会の前提である平和をまもる大事な大事な課題であることを、身近にたくさんの対話の場をつくり、共通認識にしていきましょう。そして行動にたちあがる仲間を増やすなかで、「職場が先か、憲法問題が先か」という問題を乗り越えていきましょう。どちらも大事なのですから。

さらにいえば、労働組合が政治的課題にきちんと向かいあうとき、労働組合員一人ひとりの主権者としての育ちをうながし、それが労働組合の活動力量を高めることにもつながります。政治的なたたかいを通しても、労働組合は強くなるのです。そして労働組合が本気になって憲法問題の先頭にたつとき、労働組合への社会的信頼は、おおきく高まるはずです。

（長久啓太・岡山県学習協会）

4-3

Q 改憲派は、草の根から世論を喚起すると言っていますが、どのような運動を行っているのでしょうか。

A

右翼・改憲派もバージョン・アップ

みなさんは、「右翼」と聞いて、どのようなものを思い浮かべるでしょうか。おそらく、少なくない方が、以下のようなイメージをおもちではないかと思います。黒塗りの街宣車で日の丸をかかげ、軍歌などを大音量で流す、暴走族が着ているような濃紺の戦闘服（つなぎ）を身にまとっている……。

実は、日本会議をはじめとする改憲運動を主導する右翼団体は、「街宣右翼」と呼ばれる以上のようなスタイルとは様子が異なります。中心的な活動は各種の演説会・講演会や署名集めです。また服装も戦闘服などではなく、普通のスーツを着用していることが多く、見た目は、これまでの右翼とはまるでちがいます。そのため、日本会議や関連する右翼団体の人たちのことを「背広を着た右翼」と呼ぶ人もいます。

演説会・講演会や署名集めというのは、さまざまな社会運動や市民運動でよくみられる、ごく一般的な活動スタイルです。つまり改憲派は、ごく普通の人びとが、おどろおどろしくて近寄りがたいと受け止めるであろう旧来の右翼イメージとは一線を画し、多くの人に親しまれやすいようなイメージづくりに躍起になっているのです。

改憲の大運動

改憲派が最も力を入れているのが署名活動です。日本会議関係者を中心につくられている「美しい日本の憲法をつくる国民の会」（以下、「国民の会」）という団体が改憲運動を主導しています。「国民の会」は、「改憲ＮＯ！」３０００万署名運動に対抗して「憲法改正を実現する１０００万人ネットワーク」という署名活動を推進しています。日本会議の構成団体でもある神社本庁をつうじて傘下の神社に署名用紙が配布され、各神社には「国民の会」共同代表である桜井よしこ氏の写真を使った署名呼びかけのポスターが貼られています（写真参照）。しかし、こうしたやり方に反発する神社も少数ですが確実に存在し、反対の声をあげる人もいます。

「国民の会」は、改憲の早期実現をもとめる国会議員署名や地方議会決議、改憲世論を喚起する啓発活動のために全都道府県ごとの「県民の会」設立などにもとりくんでいます。これらの活動も、さまざまな社会運動や市民運動でもよくみられる手法です。

改憲派がとり繕う、こうしたソフト・イメージに惑わされず、その主張の本質をしっかりと見抜くための学習教育運動の前進が、いまこそもとめられています。

（手塚純一）

「憲法改正を実現する1000万人ネットワーク」の署名呼びかけポスター。

4-4

Q 改憲を実現するにはどのような手続きが必要ですか。国民投票法があると聞きますが、どのような法律でしょうか。

A

憲法96条―国会の発議

改憲手続きを規定しているのは、憲法第96条と国民投票法です。

憲法第96条では、憲法の改正は、国会が発議して、国民に提案して過半数の賛成をえなければならないとされています。国会の発議は、各議院、つまり衆議院と参議院それぞれで、総議員の3分の2以上の賛成がないとできません（23ページ参照）。

現在の国会は、衆議院も参議院も、「改憲勢力」と呼ばれる自民党、公明党、希望の党、日本維新の会の4党で3分の2以上の議席があり、来年（2019年）夏の参院選まではこの状況がつづきます。改憲勢力にとっては、いまが最大のチャンスなのです。

改憲原案を国会に提出するには、衆議院で100人以上、参議院で50人以上の賛成者が必要です。その改憲原案を衆参両院の憲法審査会で審査したうえで、衆参両院にそれぞれ提出されることになり、それぞれの本会議で、前述のとおり総議員の3分の2以上の賛成で可決すれば、国会発議となるのです。

カネのある者が有利、欠陥「国民投票法」

国会の発議があれば、国民に賛否を問う国民投票となるわけですが、国民投票法は2007年、第1次安倍政権時に成立しています。国民投票法によると、国会発議後60～180日の間に実施されることになります。

憲法第96条では、この国民投票は特別におこなわれる場合だけでなく、国会議員の選挙のさいに同時におこなうこともできることになっています。後者の場合は、選挙と国民投票は性格が異なり、また国民投票運動には公職選挙法の適用はないので、国民が混乱する可能性もあり、かつ国会発議から国民投票までの期間が短い場合（たとえば60日の場合）は、改憲の内容を国民に十分に周知できるかどうかという問題も生じます。

国民投票運動は原則自由です★。ポスター掲示や街宣車による活動にも制限はなく、戸別訪問や投票日当日の運動も認められます。しかしテレビCMなどの回数も制限がなく、しかも投票日の15日前までは放送できますので、資金力豊富な改憲賛成派のCMがガンガン流れることになりかねません。

そして何よりも問題なのは、最低投票率がきめられていないので、低投票率の場合、たとえば投票率が40％台とすると、過半数の賛成といっても、国民全体からみれば20％台の賛成で改憲が成立しかねないことです。

このように問題だらけの国民投票法ですので、国民投票までいかない段階で止める、つまり改憲発議をさせないとりくみが重要になります。

（杉井静子）

国民投票法の問題点のポイント

① 最低投票率の定めがない。
② 公務員及び教員の地位を利用した投票運動を禁止している。
③ 憲法改正の発議後、投票日の15日前までの有料意見広告を可能にしている。
④ 発議後投票日までの期間が短かすぎる。

★ 公務員及び教育者は「その地位にあるために特に国民投票運動を効果的に行い得る影響力又は便益を利用して」の国民投票運動は禁止されています。大変あいまいな規定のしかたなので、警察などの干渉、弾圧も想定されるので注意が必要です。

Q 4-5 憲法をまもり活かすには、どのような運動が大事でしょうか。

A

お互いにリスペクトしながらおしゃべり

「憲法？　なんか難しそう」「憲法がどう変わろうと、自分の生活には関係ない」という声がよく聞かれます。憲法が暮らしと縁遠いという国民の意識は、支配層が戦後一貫して、折あらば改憲をもくろみ、故意に憲法を国民から遠ざけてきた結果にほかなりません。

だったら、私たちは、憲法をサカナに大いにおしゃべりをしたらいいと思います。憲法カフェ、あるいは食事をしながらのおしゃべり会など、集まりやすい場を工夫して、「憲法おしゃべり」をしていきましょう。

おしゃべりは、難しくいうと対話ですが、議論で相手をうち負かすのではなく、お互いにリスペクトしながら相手の発言を聞き、議論を深め、発展的なものになるといいですね。たとえば、「野菜の値上がりで家計はたいへん」からはじまり、忙しい日常は「『健康で文化的な生活』といえるだろうか」、安倍首相は女性の活躍というけれど、「待機児問題を解消してくれなければ、活躍なんてできない」などなど、憲法に照らして、いまの政治はどうなのかをおしゃべりすればいいと思います。

憲法で世直し、私たちこそ変革者

憲法「改正」というと、革新的なイメージがして、とくに若者の受けがいいかもしれません。たしかに「護憲」とか「憲法をまもる」というと、保守的なイメージになりかねません。しかし、私たちは、憲法を武器にした運動で多様で切実な住民要求を実現してきた実績があります。乳幼児医療無料化から核兵器禁止まで、さまざまな運動にとりくみ、成果をあげてきました。また、裁判をとおして、平和的生存権、環境権、知る権利、国民の教育権など、憲法の権利条項を豊かにし、権利を確立してきました。これは、「憲法にそって政治を変える」ことであり、私たちこそ変革者なのです。こういうとりくみこそ、憲法を活かす、憲法を意識する憲法運動なのです。

安保法制反対・廃止の運動のなかで、自分で考え、自ら行動する「主権者意識」がたかまってきました。主権者は、選挙のときだけの投票マシンではありません。日常的に憲法に照らして、政治にたいし批判の声をあげることが大事です。行動の形態も、1人でも参加できるデモやスピーチ、スタンディング、ツイッターでの発信など、いろいろ工夫し開発してみましょう。そして、憲法をフル活用しましょう。こうした日常的な活動こそが、憲法をまもり活かす運動なのです。

（杉井静子）

資料編

日本国憲法

公布　１９４６年11月３日　施行　１９４７年５月３日
（条文と見出しは国立国会図書館（ＷＥＢ）による）

前文

日本国民は、正当に選挙された国会における代表者を通じて行動し、われらとわれらの子孫のために、諸国民との協和による成果と、わが国全土にわたつて自由のもたらす恵沢を確保し、政府の行為によつて再び戦争の惨禍が起ることのないやうにすることを決意し、ここに主権が国民に存することを宣言し、この憲法を確定する。そもそも国政は、国民の厳粛な信託によるものであつて、その権威は国民に由来し、その権力は国民の代表者がこれを行使し、その福利は国民がこれを享受する。これは人類普遍の原理であり、この憲法は、かかる原理に基くものである。われらは、これに反する一切の憲法、法令及び詔勅を排除する。

日本国民は、恒久の平和を念願し、人間相互の関係を支配する崇高な理想を深く自覚するのであつて、平和を愛する諸国民の公正と信義に信頼して、われらの安全と生存を保持しようと決意した。われらは、平和を維持し、専制と隷従、圧迫と偏狭を地上から永遠に除去しようと努めてゐる国際社会において、名誉ある地位を占めたいと思ふ。われらは、全世界の国民が、ひとしく恐怖と欠乏から免かれ、平和のうちに生存する権利を有することを確認する。

われらは、いづれの国家も、自国のことのみに専念して他国を無視してはならないのであつて、政治道徳の法則は、普遍的なものであり、この法則に従ふことは、自国の主権を維持し、他国と対等関係に立たうとする各国の責務であると信ずる。

日本国民は、国家の名誉にかけ、全力をあげてこの崇高な理想と目的を達成することを誓ふ。

第１章　天皇

〔天皇の地位と主権在民〕

第１条　天皇は、日本国の象徴であり日本国民統合の象徴であつて、この地位は、主権の存する日本国民の総意に基く。

〔皇位の世襲〕

第２条　皇位は、世襲のものであつて、国会の議決した皇室典範の定めるところにより、これを継承する。

〔内閣の助言と承認及び責任〕

第３条　天皇の国事に関するすべての行為には、内閣の助言と承認を必要とし、内閣が、その責任を負ふ。

〔天皇の権能と権能行使の委任〕

第４条　天皇は、この憲法の定める国事に関する行為のみを行ひ、国政に関する権能を有しない。

２　天皇は、法律の定めるところにより、その国事に関する行為を委任することができる。

〔摂政〕

第５条　皇室典範の定めるところにより摂政を置くときは、摂政は、天皇の名でその国事に関する行為を行ふ。この場合には、前条第一項の規定を準用する。

〔天皇の任命行為〕

第６条　天皇は、国会の指名に基いて、内閣総理大臣を任命する。

２　天皇は、内閣の指名に基いて、最高裁判所の長たる裁判官を任命する。

〔天皇の国事行為〕

第７条　天皇は、内閣の助言と承認により、国民のために、左の国事に関する行為を行ふ。

一　憲法改正、法律、政令及び条約を公布すること。

二　国会を召集すること。

三　衆議院を解散すること。

四　国会議員の総選挙の施行を公示すること。

五　国務大臣及び法律の定めるその他の官吏の任免並びに全権委任状及び大使及び公使の信任状を認証すること。

六　大赦、特赦、減刑、刑の執行の免除及び復権を認証すること。

七　栄典を授与すること。
八　批准書及び法律の定めるその他の外交文書を認証すること。
九　外国の大使及び公使を接受すること。
十　儀式を行ふこと。

〔財産授受の制限〕
第8条　皇室に財産を譲り渡し、又は皇室が、財産を譲り受け、若しくは賜与することは、国会の議決に基かなければならない。

第2章　戦争の放棄

〔戦争の放棄と戦力及び交戦権の否認〕
第9条　日本国民は、正義と秩序を基調とする国際平和を誠実に希求し、国権の発動たる戦争と、武力による威嚇又は武力の行使は、国際紛争を解決する手段としては、永久にこれを放棄する。
2　前項の目的を達するため、陸海空軍その他の戦力は、これを保持しない。国の交戦権は、これを認めない。

第3章　国民の権利及び義務

〔国民たる要件〕
第10条　日本国民たる要件は、法律でこれを定める。

〔基本的人権〕
第11条　国民は、すべての基本的人権の享有を妨げられない。この憲法が国民に保障する基本的人権は、侵すことのできない永久の権利として、現在及び将来の国民に与へられる。

〔自由及び権利の保持義務と公共福祉性〕
第12条　この憲法が国民に保障する自由及び権利は、国民の不断の努力によつて、これを保持しなければならない。又、国民は、これを濫用してはならないのであつて、常に公共の福祉のためにこれを利用する責任を負ふ。

〔個人の尊重と公共の福祉〕
第13条　すべて国民は、個人として尊重される。生命、自由及び幸福追求に対する国民の権利については、公共の福祉に反しない限り、立法その他の国政の上で、最大の尊重を必要とする。

〔平等原則、貴族制度の否認及び栄典の限界〕
第14条　すべて国民は、法の下に平等であつて、人種、信条、性別、社会的身分又は門地により、政治的、経済的又は社会的関係において、差別されない。
2　華族その他の貴族の制度は、これを認めない。
3　栄誉、勲章その他の栄典の授与は、いかなる特権も伴はない。栄典の授与は、現にこれを有し、又は将来これを受ける者の一代に限り、その効力を有する。

〔公務員の選定罷免権、公務員の本質、普通選挙の保障及び投票秘密の保障〕
第15条　公務員を選定し、及びこれを罷免することは、国民固有の権利である。
2　すべて公務員は、全体の奉仕者であつて、一部の奉仕者ではない。
3　公務員の選挙については、成年者による普通選挙を保障する。
4　すべて選挙における投票の秘密は、これを侵してはならない。選挙人は、その選択に関し公的にも私的にも責任を問はれない。

〔請願権〕
第16条　何人も、損害の救済、公務員の罷免、法律、命令又は規則の制定、廃止又は改正その他の事項に関し、平穏に請願する権利を有し、何人も、かかる請願をしたためにいかなる差別待遇も受けない。

〔公務員の不法行為による損害の賠償〕
第17条　何人も、公務員の不法行為により、損害を受けたときは、法律の定めるところにより、国又は公共団体に、その賠償を求めることができる。

〔奴隷的拘束及び苦役の禁止〕
第18条　何人も、いかなる奴隷的拘束も受けない。又、犯罪に因る処罰の場合を除いては、その意に反する苦役に服させられない。

〔思想及び良心の自由〕
第19条　思想及び良心の自由は、これを侵してはならない。

〔信教の自由〕
第20条　信教の自由は、何人に対してもこれを保障する。いかなる宗教団体も、国から特権を受け、又は政治上の権力を行使してはならない。
2　何人も、宗教上の行為、祝典、儀式又は行事に参加することを強制されない。
3　国及びその機関は、宗教教育その他いかなる宗教的活動もしてはならない。
〔集会、結社及び表現の自由と通信秘密の保護〕
第21条　集会、結社及び言論、出版その他一切の表現の自由は、これを保障する。
2　検閲は、これをしてはならない。通信の秘密は、これを侵してはならない。
〔居住、移転、職業選択、外国移住及び国籍離脱の自由〕
第22条　何人も、公共の福祉に反しない限り、居住、移転及び職業選択の自由を有する。
2　何人も、外国に移住し、又は国籍を離脱する自由を侵されない。
〔学問の自由〕
第23条　学問の自由は、これを保障する。
〔家族関係における個人の尊厳と両性の平等〕
第24条　婚姻は、両性の合意のみに基いて成立し、夫婦が同等の権利を有することを基本として、相互の協力により、維持されなければならない。
2　配偶者の選択、財産権、相続、住居の選定、離婚並びに婚姻及び家族に関するその他の事項に関しては、法律は、個人の尊厳と両性の本質的平等に立脚して、制定されなければならない。
〔生存権及び国民生活の社会的進歩向上に努める国の義務〕
第25条　すべて国民は、健康で文化的な最低限度の生活を営む権利を有する。
2　国は、すべての生活部面について、社会福祉、社会保障及び公衆衛生の向上及び増進に努めなければならない。
〔教育を受ける権利と受けさせる義務〕
第26条　すべて国民は、法律の定めるところにより、その能力に応じて、ひとしく教育を受ける権利を有する。
2　すべて国民は、法律の定めるところにより、その保護する子女に普通教育を受けさせる義務を負ふ。義務教育は、これを無償とする。
〔勤労の権利と義務、勤労条件の基準及び児童酷使の禁止〕
第27条　すべて国民は、勤労の権利を有し、義務を負ふ。
2　賃金、就業時間、休息その他の勤労条件に関する基準は、法律でこれを定める。
3　児童は、これを酷使してはならない。
〔勤労者の団結権及び団体行動権〕
第28条　勤労者の団結する権利及び団体交渉その他の団体行動をする権利は、これを保障する。
〔財産権〕
第29条　財産権は、これを侵してはならない。
2　財産権の内容は、公共の福祉に適合するやうに、法律でこれを定める。
3　私有財産は、正当な補償の下に、これを公共のために用ひることができる。
〔納税の義務〕
第30条　国民は、法律の定めるところにより、納税の義務を負ふ。
〔生命及び自由の保障と科刑の制約〕
第31条　何人も、法律の定める手続によらなければ、その生命若しくは自由を奪はれ、又はその他の刑罰を科せられない。
〔裁判を受ける権利〕
第32条　何人も、裁判所において裁判を受ける権利を奪はれない。
〔逮捕の制約〕
第33条　何人も、現行犯として逮捕される場合を除いては、権限を有する司法官憲が発し、且つ理由となつてゐる犯罪を明示する令状によらなければ、逮捕されない。
〔抑留及び拘禁の制約〕
第34条　何人も、理由を直ちに告げられ、且つ、直ちに弁護人に依頼する権利を与へられなければ、抑留又は拘禁されない。又、何人も、正当な理由がなければ、拘禁されず、要求があれば、その理由は、直ちに本人及びその弁護人の出席する公開の法廷で示されなければならない。
〔侵入、捜索及び押収の制約〕
第35条　何人も、その住居、書類及び所持品について、侵入、捜索及び押収を受けることのない権利は、第三十三条の場合を除いては、正当な理由に基いて発せられ、且つ捜索する場所及び押収する物を明示する令状がなければ、侵されない。
2　捜索又は押収は、権限を有する司法官憲が発する各別の令状により、これを行ふ。
〔拷問及び残虐な刑罰の禁止〕

第36条　公務員による拷問及び残虐な刑罰は、絶対にこれを禁ずる。

〔刑事被告人の権利〕

第37条　すべて刑事事件においては、被告人は、公平な裁判所の迅速な公開裁判を受ける権利を有する。

2　刑事被告人は、すべての証人に対して審問する機会を充分に与へられ、又、公費で自己のために強制的手続により証人を求める権利を有する。

3　刑事被告人は、いかなる場合にも、資格を有する弁護人を依頼することができる。被告人が自らこれを依頼することができないときは、国でこれを附する。

〔自白強要の禁止と自白の証拠能力の限界〕

第38条　何人も、自己に不利益な供述を強要されない。

2　強制、拷問若しくは脅迫による自白又は不当に長く抑留若しくは拘禁された後の自白は、これを証拠とすることができない。

3　何人も、自己に不利益な唯一の証拠が本人の自白である場合には、有罪とされ、又は刑罰を科せられない。

〔遡及処罰、二重処罰等の禁止〕

第39条　何人も、実行の時に適法であつた行為又は既に無罪とされた行為については、刑事上の責任を問はれない。又、同一の犯罪について、重ねて刑事上の責任を問はれない。

〔刑事補償〕

第40条　何人も、抑留又は拘禁された後、無罪の裁判を受けたときは、法律の定めるところにより、国にその補償を求めることができる。

第4章　国会

〔国会の地位〕

第41条　国会は、国権の最高機関であつて、国の唯一の立法機関である。

〔二院制〕

第42条　国会は、衆議院及び参議院の両議院でこれを構成する。

〔両議院の組織〕

第43条　両議院は、全国民を代表する選挙された議員でこれを組織する。

2　両議院の議員の定数は、法律でこれを定める。

〔議員及び選挙人の資格〕

第44条　両議院の議員及びその選挙人の資格は、法律でこれを定める。但し、人種、信条、性別、社会的身分、門地、教育、財産又は収入によつて差別してはならない。

〔衆議院議員の任期〕

第45条　衆議院議員の任期は、四年とする。但し、衆議院解散の場合には、その期間満了前に終了する。

〔参議院議員の任期〕

第46条　参議院議員の任期は、六年とし、三年ごとに議員の半数を改選する。

〔議員の選挙〕

第47条　選挙区、投票の方法その他両議院の議員の選挙に関する事項は、法律でこれを定める。

〔両議院議員相互兼職の禁止〕

第48条　何人も、同時に両議院の議員たることはできない。

〔議員の歳費〕

第49条　両議院の議員は、法律の定めるところにより、国庫から相当額の歳費を受ける。

〔議員の不逮捕特権〕

第50条　両議院の議員は、法律の定める場合を除いては、国会の会期中逮捕されず、会期前に逮捕された議員は、その議院の要求があれば、会期中これを釈放しなければならない。

〔議員の発言表決の無答責〕

第51条　両議院の議員は、議院で行つた演説、討論又は表決について、院外で責任を問はれない。

〔常会〕

第52条　国会の常会は、毎年一回これを召集する。

〔臨時会〕

第53条　内閣は、国会の臨時会の召集を決定することができる。いづれかの議院の総議員の四分の一以上の要求があれば、内閣は、その召集を決定しなければならない。

〔総選挙、特別会及び緊急集会〕

第54条　衆議院が解散されたときは、解散の日から四十日以内に、衆議院議員の総選挙を行ひ、その選挙の日から三十日以内に、国会を召集しなければならない。

2　衆議院が解散されたときは、参議院は、同時に閉会となる。但し、内閣は、国に緊急の必要があるときは、参議院の緊急集会を求めることができる。

3　前項但書の緊急集会において採られた措置は、臨時のものであつて、次の国会開会の後十日以内に、衆議院の同意がない場合には、その効力を失ふ。

〔資格争訟〕

第55条　両議院は、各々その議員の資格に関する争訟を裁判する。但し、議員の議席を失はせるには、出席議員の三分の二以上の多数による議決を必要とする。

〔議事の定足数と過半数議決〕

第56条　両議院は、各々その総議員の三分の一以上の出席がなければ、議事を開き議決することができない。

2　両議院の議事は、この憲法に特別の定のある場合を除いては、出席議員の過半数でこれを決し、可否同数のときは、議長の決するところによる。

〔会議の公開と会議録〕

第57条　両議院の会議は、公開とする。但し、出席議員の三分の二以上の多数で議決したときは、秘密会を開くことができる。

2　両議院は、各々その会議の記録を保存し、秘密会の記録の中で特に秘密を要すると認められるもの以外は、これを公表し、且つ一般に頒布しなければならない。

3　出席議員の五分の一以上の要求があれば、各議員の表決は、これを会議録に記載しなければならない。

〔役員の選任及び議院の自律権〕

第58条　両議院は、各々その議長その他の役員を選任する。

2　両議院は、各々その会議その他の手続及び内部の規律に関する規則を定め、又、院内の秩序をみだした議員を懲罰することができる。但し、議員を除名するには、出席議員の三分の二以上の多数による議決を必要とする。

〔法律の成立〕

第59条　法律案は、この憲法に特別の定のある場合を除いては、両議院で可決したとき法律となる。

2　衆議院で可決し、参議院でこれと異なつた議決をした法律案は、衆議院で出席議員の三分の二以上の多数で再び可決したときは、法律となる。

3　前項の規定は、法律の定めるところにより、衆議院が、両議院の協議会を開くことを求めることを妨げない。

4　参議院が、衆議院の可決した法律案を受け取つた後、国会休会中の期間を除いて六十日以内に、議決しないときは、衆議院は、参議院がその法律案を否決したものとみなすことができる。

〔衆議院の予算先議権及び予算の議決〕

第60条　予算は、さきに衆議院に提出しなければならない。

2　予算について、参議院で衆議院と異なつた議決をした場合に、法律の定めるところにより、両議院の協議会を開いても意見が一致しないとき、又は参議院が、衆議院の可決した予算を受け取つた後、国会休会中の期間を除いて三十日以内に、議決しないときは、衆議院の議決を国会の議決とする。

〔条約締結の承認〕

第61条　条約の締結に必要な国会の承認については、前条第二項の規定を準用する。

〔議院の国政調査権〕

第62条　両議院は、各々国政に関する調査を行ひ、これに関して、証人の出頭及び証言並びに記録の提出を要求することができる。

〔国務大臣の出席〕

第63条　内閣総理大臣その他の国務大臣は、両議院の一に議席を有すると有しないとにかかはらず、何時でも議案について発言するため議院に出席することができる。又、答弁又は説明のため出席を求められたときは、出席しなければならない。

〔弾劾裁判所〕

第64条　国会は、罷免の訴追を受けた裁判官を裁判するため、両議院の議員で組織する弾劾裁判所を設ける。

2　弾劾に関する事項は、法律でこれを定める。

第5章　内閣

〔行政権の帰属〕

第65条　行政権は、内閣に属する。

〔内閣の組織と責任〕

第66条　内閣は、法律の定めるところにより、その首長たる内閣総理大臣及びその他の国務大臣でこれを組織する。

2　内閣総理大臣その他の国務大臣は、文民でなければならない。

3　内閣は、行政権の行使について、国会に対し連帯して責任を負ふ。

〔内閣総理大臣の指名〕

第67条　内閣総理大臣は、国会議員の中から国会の議決で、これを指名する。この指名は、他のすべての案件に先だつて、これを行ふ。

2　衆議院と参議院とが異なつた指名の議決をした場合に、法律の定めるところにより、両議院の協議会を開いても意見が一致しないとき、又は衆議院が指名の議決をした後、国会休会中の期間を除いて十日以内に、参議院が、指名の議決をしないときは、衆議院の議決を国会の議決とする。

〔国務大臣の任免〕

第68条　内閣総理大臣は、国務大臣を任命する。但し、その過半数は、国会議員の中から選ばれなければならない。

2　内閣総理大臣は、任意に国務大臣を罷免することができる。

〔不信任決議と解散又は総辞職〕

第69条　内閣は、衆議院で不信任の決議案を可決し、又は信任の決議案を否決したときは、十日以内に衆議院が解散されない限り、総辞職をしなければならない。

〔内閣総理大臣の欠缺又は総選挙施行による総辞職〕

第70条　内閣総理大臣が欠けたとき、又は衆議院議員総選挙の後に初めて国会の召集があつたときは、内閣は、総辞職をしなければならない。

〔総辞職後の職務続行〕

第71条　前二条の場合には、内閣は、あらたに内閣総理大臣が任命されるまで引き続きその職務を行ふ。

〔内閣総理大臣の職務権限〕

第72条　内閣総理大臣は、内閣を代表して議案を国会に提出し、一般国務及び外交関係について国会に報告し、並びに行政各部を指揮監督する。

〔内閣の職務権限〕

第73条　内閣は、他の一般行政事務の外、左の事務を行ふ。

一　法律を誠実に執行し、国務を総理すること。

二　外交関係を処理すること。

三　条約を締結すること。但し、事前に、時宜によつては事後に、国会の承認を経ることを必要とする。

四　法律の定める基準に従ひ、官吏に関する事務を掌理すること。

五　予算を作成して国会に提出すること。

六　この憲法及び法律の規定を実施するために、政令を制定すること。但し、政令には、特にその法律の委任がある場合を除いては、罰則を設けることができない。

七　大赦、特赦、減刑、刑の執行の免除及び復権を決定すること。

〔法律及び政令への署名と連署〕

第74条　法律及び政令には、すべて主任の国務大臣が署名し、内閣総理大臣が連署することを必要とする。

〔国務大臣訴追の制約〕

第75条　国務大臣は、その在任中、内閣総理大臣の同意がなければ、訴追されない。但し、これがため、訴追の権利は、害されない。

第6章　司法

〔司法権の機関と裁判官の職務上の独立〕

第76条　すべて司法権は、最高裁判所及び法律の定めるところにより設置する下級裁判所に属する。

2　特別裁判所は、これを設置することができない。行政機関は、終審として裁判を行ふことができない。

3　すべて裁判官は、その良心に従ひ独立してその職権を行ひ、この憲法及び法律にのみ拘束される。

〔最高裁判所の規則制定権〕

第77条　最高裁判所は、訴訟に関する手続、弁護士、裁判所の内部規律及び司法事務処理に関する事項について、規則を定める権限を有する。

2　検察官は、最高裁判所の定める規則に従はなければならない。

3　最高裁判所は、下級裁判所に関する規則を定める権限を、下級裁判所に委任することができる。

〔裁判官の身分の保障〕

第78条　裁判官は、裁判により、心身の故障のために職務を執ることができないと決定された場合を除いては、公の弾劾によらなければ罷免されない。裁判官の懲戒処分は、行政機関がこれを行ふことはできない。

〔最高裁判所の構成及び裁判官任命の国民審査〕

第79条　最高裁判所は、その長たる裁判官及び法律の定める員数のその他の裁判官でこれを構成し、その長たる裁判官以外の裁判官は、内閣でこれを任命する。

2　最高裁判所の裁判官の任命は、その任命後初めて行はれる衆議院議員総選挙の際国民の審査に付し、その後十年を経過した後初めて行はれる衆議院議員総選挙の際更に審査に付し、その後も同様とする。

3　前項の場合において、投票者の多数が裁判官の罷免を可とするときは、その裁判官は、罷免される。

4　審査に関する事項は、法律でこれを定める。

5　最高裁判所の裁判官は、法律の定める年齢に達した時に退官する。

6　最高裁判所の裁判官は、すべて定期に相当額の報酬を受ける。この報酬は、在任中、これを減額することができない。

〔下級裁判所の裁判官〕

第80条　下級裁判所の裁判官は、最高裁判所の指名した者の名簿によつて、内閣でこれを任命する。その裁判官は、任期を十年とし、再任されることができる。但し、法律の定める年齢に達した時には退官する。

2　下級裁判所の裁判官は、すべて定期に相当額の報酬を受ける。この報酬は、在任中、これを減額することができない。

〔最高裁判所の法令審査権〕

第81条　最高裁判所は、一切の法律、命令、規則又は処分が憲法に適合するかしないかを決定する権限を有する終審裁判所である。

〔対審及び判決の公開〕

第82条　裁判の対審及び判決は、公開法廷でこれを行ふ。

2　裁判所が、裁判官の全員一致で、公の秩序又は善良の風俗を害する虞があると決した場合には、対審は、公開しないでこれを行ふことができる。但し、政治犯罪、出版に関する犯罪又はこの憲法第三章で保障する国民の権利が問題となつてゐる事件の対審は、常にこれを公開しなければならない。

第7章　財政

〔財政処理の要件〕

第83条　国の財政を処理する権限は、国会の議決に基いて、これを行使しなければならない。

〔課税の要件〕

第84条　あらたに租税を課し、又は現行の租税を変更するには、法律又は法律の定める条　件によることを必要とする。

〔国費支出及び債務負担の要件〕

第85条　国費を支出し、又は国が債務を負担するには、国会の議決に基くことを必要とする。

〔予算の作成〕

第86条　内閣は、毎会計年度の予算を作成し、国会に提出して、その審議を受け議決を経なければならない。

〔予備費〕

第87条　予見し難い予算の不足に充てるため、国会の議決に基いて予備費を設け、内閣の責任でこれを支出することができる。

2　すべて予備費の支出については、内閣は、事後に国会の承諾を得なければならない。

〔皇室財産及び皇室費用〕

第88条　すべて皇室財産は、国に属する。すべて皇室の費用は、予算に計上して国会の議決を経なければならない。

〔公の財産の用途制限〕

第89条　公金その他の公の財産は、宗教上の組織若しくは団体の使用、便益若しくは維持のため、又は公の支配に属しない慈善、教育若しくは博愛の事業に対し、これを支出し、又はその利用に供してはならない。

〔会計検査〕

第90条　国の収入支出の決算は、すべて毎年会計検査院がこれを検査し、内閣は、次の年度に、その検査報告とともに、これを国会に提出しなければならない。

2　会計検査院の組織及び権限は、法律でこれを定める。

〔財政状況の報告〕

第91条　内閣は、国会及び国民に対し、定期に、少くとも毎年一回、国の財政状況について報告しなければならない。

第8章　地方自治

〔地方自治の本旨の確保〕

第92条　地方公共団体の組織及び運営に関する事項は、地方自治の本旨に基いて、法律でこれを定める。

〔地方公共団体の機関〕

第93条　地方公共団体には、法律の定めるところにより、その議事機関として議会を設置する。

2　地方公共団体の長、その議会の議員及び法律の定めるその他の吏員は、その地方公共団体の住民が、直接これを選挙する。

〔地方公共団体の権能〕

第94条　地方公共団体は、その財産を管理し、事務を処理し、及び行政を執行する権能を有し、法律の範囲内で条例を制定することができる。

〔一の地方公共団体のみに適用される特別法〕

第95条　一の地方公共団体のみに適用される特別法は、法律の定めるところにより、その地方公共団体の住民の投票においてその過半数の同意を得なければ、国会は、これを制定することができない。

第9章　改正

〔憲法改正の発議、国民投票及び公布〕

第96条　この憲法の改正は、各議院の総議員の三分の二以上の賛成で、国会が、これを発議し、国民に提案してその承認を経なければならない。この承認には、特別の国民投票又は国会の定める選挙の際行はれる投票において、その過半数の賛成を必要とする。

2　憲法改正について前項の承認を経たときは、天皇は、国民の名で、この憲法と一体を成すものとして、直ちにこれを公布する。

第10章　最高法規

〔基本的人権の由来特質〕

第97条　この憲法が日本国民に保障する基本的人権は、人類の多年にわたる自由獲得の努力の成果であつて、これらの権利は、過去幾多の試錬に堪へ、現在及び将来の国民に対し、侵すことのできない永久の権利として信託されたものである。

〔憲法の最高性と条約及び国際法規の遵守〕

第98条　この憲法は、国の最高法規であつて、その条規に反する法律、命令、詔勅及び国務に関するその他の行為の全部又は一部は、その効力を有しない。

2　日本国が締結した条約及び確立された国際法規は、これを誠実に遵守することを必要とする。

〔憲法尊重擁護の義務〕

第99条　天皇又は摂政及び国務大臣、国会議員、裁判官その他の公務員は、この憲法を尊重し擁護する義務を負ふ。

第11章　補則

〔施行期日と施行前の準備行為〕

第１００条　この憲法は、公布の日から起算して六箇月を経過した日〔昭二二・五・三〕から、これを施行する。

2　この憲法を施行するために必要な法律の制定、参議院議員の選挙及び国会召集の手続並びにこの憲法を施行するために必要な準備手続は、前項の期日よりも前に、これを行ふことができる。

〔参議院成立前の国会〕

第１０１条　この憲法施行の際、参議院がまだ成立してゐないときは、その成立するまでの間、衆議院は、国会としての権限を行ふ。

〔参議院議員の任期の経過的特例〕

第１０２条　この憲法による第一期の参議院議員のうち、その半数の者の任期は、これを三年とする。その議員は、法律の定めるところにより、これを定める。

〔公務員の地位に関する経過規定〕

第１０３条　この憲法施行の際現に在職する国務大臣、衆議院議員及び裁判官並びにその他の公務員で、その地位に相応する地位がこの憲法で認められてゐる者は、法律で特別の定をした場合を除いては、この憲法施行のため、当然にはその地位を失ふことはない。但し、この憲法によつて、後任者が選挙又は任命されたときは、当然その地位を失ふ。

【編著者】
山田　敬男（現代史研究者、労働者教育協会会長）
杉井　静子（弁護士、労働者教育協会副会長）
小沢　隆一（憲法学者、東京慈恵会医科大学教授）
【著者】
小林　武　（法学博士、沖縄大学客員教授）
柴山　敏雄（現代史研究者）
手塚　純一（現代史研究者）
丸山　重威（ジャーナリスト、元関東学院大学教授）
峯　良一　（現代史研究者）
新谷　昌之（神奈川県労働者学習協会副会長）
佐々木昭三（労働者教育協会常任理事）
長久　啓太（岡山県労働者学習協会事務局長）

［カバーデザイン］
かんきょう MOVE
［写真］連合通信社

労働者教育協会（労教協）は、2017年5月の第57回総会で、「安倍9条改憲」に立ち向かう「憲法大学習運動」を提起し、推進しています。本書は、この運動を推進していく一環として企画し、組織内外の皆様の協力を得て刊行いたしました。

安倍政権が2018年中の改憲発議に執念を燃やし、急ピッチで準備をすすめているという情勢に考慮し、「9条」の問題を中心に解説しました。

本書が、「改憲」をストップさせる運動の力となれば幸いに存じます。

【企画】労働者教育協会・総学習運動プロジェクト事務局

学習の友ブックレット㉗
変えてはいけない憲法9条

2018年5月15日　初　版　　　定価は裏表紙に表示

山田　敬男　杉井　静子　小沢　隆一　編著

発行所　学習の友社
〒113-0034　東京都文京区湯島2-4-4
TEL 03(5842)5641　FAX 03(5842)5645
郵便振替　00100-6-179157
印刷所　（株）教文堂

ISBN978-4-7617-0427-8